WerkstattLiteratur

Herausgegeben von
Rainer Siegle und Jürgen Wolff

Karla Müller
Uwe Schmedemann

Paul Austers
„Smoke"

Fächerverbindender Unterricht
Deutsch – Englisch

Ernst Klett Verlag
Stuttgart Düsseldorf Leipzig

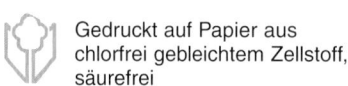
Gedruckt auf Papier aus
chlorfrei gebleichtem Zellstoff,
säurefrei

1. Auflage   A 1 ⁵ ⁴ ³ ² ¹ | 2005 2004 2003 2002 2001

Alle Drucke dieser Auflage können nebeneinander benutzt werden, sie sind untereinander unver-
ändert. Die letzte Zahl bezeichnet das Jahr dieses Druckes.
Drehbuch zum Film SMOKE von Paul Auster aus: SMOKE und BLUE IN THE FACE – zwei
Filme von Paul Auster. Deutsch von Werner Schmitz. © Rowohlt Taschenbuch Verlag GmbH,
Reinbek 1995.
© für die Materialien: Ernst Klett Verlag GmbH, Stuttgart 2001. Alle Rechte vorbehalten.
Internetadresse: http://www.klett-verlag.de
Redaktion: Nicole Brandau, Renate Schult
Druck: Druckhaus Vogel, Echterdingen
ISBN 3-12-306520-0

Inhalt

„Smoke" ist der Titel eines Films,
zu dem Paul Auster das Drehbuch
geschrieben hat. Die Handlung
beruht auf einer Kurzgeschichte.

I. The short story / Die Kurzgeschichte

1. Two pictures – three characters

Stories are usually about people or characters as we call the people in stories, novels, plays or films.

At one point in the story that you are going to read later the first-person narrator is looking at photographs of people in a photo album and says the following:

„Once I got to know them. I began to study their postures […] trying to discover their moods from these surface indications, as if I could imagine stories for them, as if I could penetrate the invisible dramas locked inside their bodies."

Task:
Get together in groups of four. Study the above pictures carefully. Discuss the three characters on the basis of the information that you get from the pictures. Then use your imagination and work out a little story for each of the three characters that includes or leads up to the situation shown in the pictures. Present your stories to the other groups. Would you believe that these characters are all involved in a Christmas story?

2. Christmas – a problem

As you will probably agree Christmas is one of the most important holidays in the Western World. We all have childhood memories of our first Christmases and somehow this holiday has meaning for practically everyone.

MERRY CHRISTMAS

Task 1:
Talk about Christmas and what it means to you. Then try to come up with a list of at least six attributes, that is qualities or characteristics, that you associate with this holiday. The pictures of the Christmas cards on this and the following pages might give you some ideas.

Christmas is ...

_____   _____   _____

_____   _____   _____

The American singer-songwriter, Loudon Wainwright III, is known for his critical and ironical lyrics. Among the many songs he has written there are also two about Christmas. The first of the two, "Christmas Morning" was written in December 1990 as the U. S., Great Britain and other forces prepared for Operation Desert Storm, the war in the Middle East against Iraq.

Loudon Wainwright: Christmas Morning

Well the banks and the schools and the post office are closed
You can park where you please and you won't get towed
The streets are empty and the stores are finally closed
It's Christmas morning

5 He got a tie and she got a book
They weren't supposed to peek but they took a little look
Tell me how long will it take for the dinner to cook
It's Christmas morning

There are so many presents underneath the tree
10 A few are for you but the rest are all for me
And we gotta tip the super and the doormen
Can't you see, its Christmas morning
Christmas morning finally has come
It has meaning for each and every one
15 Christmas morning I cannot believe
Just last night was Christmas Eve
In the Rockefeller Center the big tree is shining bright
Skaters skate beneath it in the winter light
Like a picture on a Christmas card everything looks right
20 On Christmas morning
And the homeless who have nothing will ask on Christmas day
For us to give them something, God we wish they'd go away
Though there is no place for them to go, they have no place to stay
On Christmas morning
25 Lying in a hospital dying in a bed with AIDS
"He deserved it" I have heard it said
Deck the halls with boughs of something, soon he will be dead
On Christmas morning

Christmas morning finally has come
30 It has meaning for each and everyone
Christmas morning I'm afraid to say
Life goes on on Christmas day

And the Prince of peace was born on a Christmas day
In the little town of Bethlehem not so far away
35 From where a multitude has gathered in a warlike way
On Christmas morning

So we watch the buildup here we go again
There is sand, there are camels but where are the wise men?
Are they in Baghdad? Are they in Washington?
40 It's Christmas morning

There are those who go to church they kneel down to pray
For loved ones who have left to serve so far away
And for a Middle Eastern baby born on that very day
It's Christmas morning
45 Christmas morning finally has come
It has meaning for each and everyone
Christmas morning I'm afraid to think
This time we are headed to the brink
(Jingle bells! Jingle bells! Jingle all the way!
Oh what fun it is to ride in a one-horse open sleigh!)
A week from today we begin a brand new year
50 Let us all be hopeful, men and women of good cheer
And resolve to fight against stupidity and fear
It's Christmas morning

And as awful as the world can be we are still alive
And if we're very careful we might well survive
55 There are cures and solutions and there is compromise
Christmas morning

Christmas is for children I have heard it said
That's why King Herod hated the babe in the manger bed
They all came to worship and adore the child instead
repeat lines 1–4

(Loudon Wainwright III: Christmas Morning. © Bug Music Ltd. Bug Music Musikverlagsge-
sellschaft mbH, München)

Annotations:
super(intendent) (11) = here: someone who looks after an apartment building; caretaker;
Rockefeller Center (17), a complex of 14 buildings in New York City; **to deserve** (26) = to
earn, to be worthy of; here: *er hat es verdient, es geschieht ihm recht;* **to deck** (27) = to
decorate; **bough** = tree branch; **multitude** (35) = a very large number of people or things;
to gather = here: to come together; **buildup** (37) = here: increasing concentration of troops
i. e soldiers and material; **brink** (48) = edge of a very high place such as a cliff; here: the
point of time before something terrible happens; **to resolve** (51) = to decide; **cure** (55) =
something that can be done against something bad; **manger** (58) = an open box or woo-
den frame that holds food for animals; a crib; **to worship / to adore** (59) = to show strong
love and respect for, also by praying

Task 2:

Now that you have read the lyrics – or if possible also listened to the song – have a closer look at what Loudon Wainwright III is trying to tell us. The song, as you have probably noticed, has both a more "private" side (lines 1–28) and a more public, political side (lines 33–59).

a) At first we are presented with "typical" features of a Christmas Day. Name at least four and also note down the respective lines:

_____   _____

_____   _____

b) If Christmas is supposed to be about love, what is it then that Wainwright cleary criticizes about people's "private" behaviour? Give evidence from the text:

_____

_____

c) There is a deep irony expressed in the second part of the song. Try to describe what it is and what could be seen as key words for this irony.

_____

_____

d) Christmas in its original sense is not only about love and peace. There is another Christmas message to humankind that Wainwright also expresses towards the end of his song. What do you think that might be?

_____

_____

e) Try to get information from the Internet on what Operation Desert Storm was all about.

Loudon Wainwright III: Suddenly it's Christmas

Suddenly it's Christmas
Right after Halloween
Forget about Thanksgiving
It's just a buffet in between
5 There's lights and tinsel in the windows
They're stocking up the shelves
Santa's slaving at the North Pole in his
    sweat shop full of elves

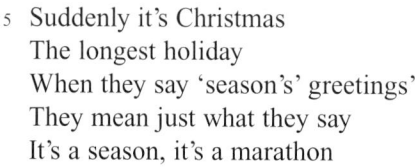

There's got to be a build-up
To the day that Christ was born
10 The halls are decked with pumpkins
And the ears of Indian corn
Dragging through the falling leaves
In a one-horse open sleigh
Suddenly it's Christmas seven weeks before the day

15 Suddenly it's Christmas
The longest holiday
When they say 'season's' greetings'
They mean just what they say
It's a season, it's a marathon
20 Retail eternity
And it's not over till it's over and you throw away the tree

Outside it's positively balmy
In the air nary a nip
Suddenly it's Christmas
25 Unbutton and unzip
Yes they're working overtime
Santa's little runts
Christmas comes but once a year and goes
    on for two months

Christmas carols in December
30 And November too
It's no wonder we're depressed
When the whole thing is through
Finally it's January
Let's sing Ol' Lang Syne
35 But here comes another heartache shaped like a valentine

10

Suddenly it's Christmas
The longest holiday
The season is upon us
A pox, it won't go away
40 It's a season, it's a marathon
Retail eternity
And it's not over till it's over and you throw away the tree

(Loudon Wainwright III: Suddenly it's Christmas. © Snowden Music Inc. BUG Music Musik-verlagsgesellschaft mbH, München)

Annotations:
Halloween (2), October 31 when children go dressed up from house to house and play "trick or treat"; **Thanksgiving** (3), fourth Thursday in November. This is *the* family holiday in the U. S. **buffet** (4) = meal at which people serve themselves; **tinsel** (5) = decorative thread or strip of glittering metal or paper; to slave (7) = work hard like a slave; **sweat shop** (7) = a small factory where people work hard in bad conditions for little money; **elf** (pl. elves) (7) = a fairy that plays tricks on you; **build-up** (8) = *Steigerung; Reklame, Propaganda*; **sleigh** (13) = horse-drawn sled with seats; **retail** (20) = business of selling directly to the customer *(Einzelhandel)*; **eternity** (20) = a long, unending period of time; **balmy** (22) = here: warm, mild; **nary** (23) = (old-fashioned use) not one; **nip** (23) cp. a nip in the air = Coldness in the air; **runt** (27) = very small person *(Knülch)*; **pox** (39) = a bad disease of the skin; here something that gets on your nerves (cp. plague)

Task 3:
As you will have noticed this second song is not as serious as the first one. It is more humorous and funny. Still, it is critical of Christmas, or rather of what people have made of it.
a) What do you think is the central idea of the song and through which metaphors or images does Wainwright express this idea?

_____

_____

b) What is it that makes the song funny? Give examples.

_____

_____

_____

_____

When Paul Auster was asked in an interview if it was right that the film *Smoke* had originated from a Christmas story he had written for the *New York Times* he answered:

"Yes, it all started with that little story. Mike Levitas, the editor of the Op-Ed page, called me out of the blue one morning in November of 1990. I didn't know him, but he had apparently read some of my books. In his friendly, matter-of-fact way he told me that he'd been toying with the idea of commissioning a work of fiction for the Op-Ed page on Christmas Day. What did I think? Would I be willing to write it? It was an interesting proposal, I thought – putting a piece of make-believe in a newspaper, the paper of record, no less. A rather subversive notion when you get right down to it. But the fact was that I had never written a short story, and I wasn't sure I'd be able to come up with an idea. „Give me a few days," I said. „If I think of something, I'll let you know." So a few days went by, and just when I was about to give up, I opened a tin of my beloved Schimmelpennincks – the little cigars I like to smoke – and started thinking about the man who sells them to me in Brooklyn. That led to some thoughts about the kinds of encounters you have in New York with people you see every day but don't really know. And little by little, the story began to take shape inside me. It literally came out of that tin of cigars."

As you will see later it turned out to be a rather atypical Christmas story.

"Father Christmas" after work

Task 4:
Form groups of four. Imagine your group has been commissioned to write a Christmas story for the December issue of your school magazine:

a) Try to remember and then discuss what the features of a typical, traditional Christmas story are. Think of characters, contents, setting, tone and message etc..

b) Of course you want the story to be original. Come up with fresh ideas and work out a short plot outline of a Christmas story that is unconventional but still conveys some of that "Christmas spirit". Present the outline to the other groups and discuss the results.

3. Auggie Wren's Christmas story – structure and message

Paul Auster: Auggie Wren's Christmas story

I heard this story from Auggie Wren. Since Auggie doesn't come off too well in it, at least not as well as he'd like to, he's asked me not to use his real name. Other than that, the whole business about the lost wallet and the blind woman and the Christmas dinner is just as he told it to me.

Auggie and I have known each other for close to eleven years now. He works 5
behind the counter of a cigar store on Court Street in downtown Brooklyn, and since it's the only store that carries the little Dutch cigars I like to smoke, I go in there fairly often. For a long time, I didn't give much thought to Auggie Wren. He was the strange little man who wore a hooded blue sweatshirt and sold me cigars and magazines, the impish, wisecracking character who 10
always had something funny to say about the weather or the Mets or the politicians in Washington, and that was the extent of it.

But then one day several years ago he happened to be looking through a magazine in the store, and he stumbled across a review of one of my books. He knew it was me because a photograph accompanied the review, and after that 15
things changed between us. I was no longer just another customer to Auggie, I had become a distinguished person. Most people couldn't care less about books and writers, but it turned out that Auggie considered himself an artist. Now that he had cracked the secret of who I was, he embraced me as an ally, a confidant, a brother-in-arms. To tell the truth, I found it rather em- 20
barrassing. Then, almost inevitably, a moment came when he asked if I would be willing to look at his photographs. Given his enthusiasm and good-will, there didn't seem to be any way I could turn him down.

God knows what I was expecting. At the very least, it wasn't what Auggie showed me the next day. In a small, windowless room at the back of the 25
store, he opened a cardboard box and pulled out twelve identical black photo albums. This was his life's work, he said, and it didn't take him more than five minutes a day to do it. Every morning for the past twelve years, he had stood at the corner of Atlantic Avenue and Clinton Street at precisely seven o'clock and had taken a single color photograph of precisely the same view. 30
The project now ran to more than four thousand photographs. Each album represented a different year, and all the pictures were laid out in sequence, from January 1 to December 31, with the dates carefully recorded under each one.

35 As I flipped through the albums and began to study Auggie's work, I didn't know what to think. My first impression was that it was the oddest, most bewildering thing I had ever seen. All the pictures were the same. The whole project was a numbing onslaught of repetition, the same street and the same buildings over and over again, an unrelenting delirium of redundant images.

40 I couldn't think of anything to say to Auggie, so I continued turning pages, nodding my head in feigned appreciation. Auggie himself seemed unperturbed, watching me with a broad smile on his face, but after I'd been at it for several minutes, he suddenly interrupted me and said, "You're going too fast. You'll never get it if you don't slow down."

45 He was right, of course. If you don't take the time to look, you'll never manage to see anything. I picked up another album and forced myself to go more deliberately. I paid closer attention to details, took note of shifts in the weather, watched for the changing angles of light as the seasons advanced. Eventually, I was able to detect subtle differences in the traffic flow, to anti-
50 cipate the rhythm of the different days (the commotion of workday mornings, the relative stillness of weekends, the contrast between Saturdays and Sundays). And then, little by little, I began to recognize the faces of the people in the background, the passers-by on their way to work, the same people in the same spot every morning, living an instant of their lives in the field of
55 Auggie's camera.

Once I got to know them, I began to study their postures, the way they carried themselves from one morning to the next, trying to discover their moods from these surface indications, as if I could imagine stories for them, as if I could penetrate the invisible dramas locked inside their bodies. I picked up
60 another album. I was no longer bored, no longer puzzled as I had been at first. Auggie was photographing time, I realized, both natural time and human time, and he was doing it by planting himself in one tiny corner of the world and willing it to be his own, by standing guard in the space he had chosen for himself. As he watched me pore over his work, Auggie continu-
65 ed to smile with pleasure. Then, almost as if he had been reading my thoughts, he began to recite a line from Shakespeare. "Tomorrow and tomorrow and tomorrow," he muttered under his breath, "time creeps on its petty pace." I understood then that he knew exactly what he was doing.

That was more than two thousand pictures ago. Since that day, Auggie and I
70 have discussed his work many times, but it was only last week that I learned how he acquired his camera and started taking pictures in the first place. That was the subject of the story he told me, and I'm still struggling to make sense of it.

Earlier that same week, a man from the *New York Times* called me and asked
75 if I would be willing to write a short story that would appear in the paper on Christmas morning. My first impulse was to say no, but the man was very

14

charming and persistent, and by the end of the conversation I told him I would give it a try. The moment I hung up the phone, however, I fell into a deep panic. What did I know about Christmas? I asked myself. What did I know about writing short stories on commission?

I spent the next days in despair, warring with the ghosts of Dickens, O. Henry and other masters of the Yuletide spirit. The very phrase "Christmas story" had unpleasant associations for me, evoking dreadful outpourings of hypocritical mush and treacle. Even at their best, Christmas stories were no more than wish-fulfillment dreams, fairy tales for adults, and I'd be damned if I'd ever allowed myself to write something like that. And yet, how could anyone propose to write an unsentimental Christmas story? It was a contradiction in terms, an impossibility, an out-and-out conundrum. One might just as well try to imagine a racehorse without legs, or a sparrow without wings.

I got nowhere. On Thursday I went out for a long walk, hoping the air would clear my head. Just past noon, I stopped in at the cigar store to replenish my supply, and there was Auggie, standing behind the counter as always. He asked me how I was. Without really meaning to, I found myself unburdening my troubles to him. "A Christmas story?" he said after I had finished. "Is that all? If you buy me lunch, my friend, I'll tell you the best Christmas story you ever heard. And I guarantee that every word of it is true."

We walked down the block to Jack's, a cramped and boisterous delicatessen with good pastrami sandwiches and photographs of old Dodgers teams hanging on the walls. We found a table at the back, ordered our food, and then Auggie launched into his story.

"It was the summer of seventy-two," he said. "A kid came in one morning and started stealing things from the store. He must have been about nineteen or twenty, and I don't think I've ever seen a more pathetic shoplifter in my life. He's standing by the rack of paperbacks along the far wall and stuffing books into the pockets of his raincoat. It was crowded around the counter just then, so I didn't see him at first. But once I noticed what he was up to, I started to shout. He took off like a jackrabbit, and by the time I managed to get out from behind the counter, he was already tearing down Atlantic Avenue. I chased after him for about half a block, and then I gave up. He'd dropped something along the way, and since I didn't feel like running anymore. I bent down to see what it was.

"It turned out to be his wallet. There wasn't any money inside, but his driver's license was there along with three or four snapshots. I suppose I could have called the cops and had him arrested. I had his name and address from the license, but I felt kind of sorry for him. He was just a measly little punk, and once I looked at those pictures in his wallet, I couldn't bring myself to feel very angry at him. Robert Goodwin. That was his name. In one of the

pictures, I remember, he was standing with his arm around his mother or
120 grandmother. In another one, he was sitting there at age nine or ten dressed
in a baseball uniform with a big smile on his face. I just didn't have the heart.
He was probably on dope now, I figured. A poor kid from Brooklyn without
much going for him, and who cared about a couple of trashy paperbacks
anyway?

125 "So I held onto the wallet. Every once in a while I'd get a little urge to send
it back to him, but I kept delaying and never did anything about it. Then
Christmas rolls around and I'm stuck with nothing to do. The boss usually
invites me over to his house to spend the day, but that year he and his family were down in Florida visiting relatives. So I'm sitting in my apartment
130 that morning feeling a little sorry for myself, and then I see Robert Goodwin's wallet lying on a shelf in the kitchen. I figure what the hell, why not
do something nice for once, and I put on my coat and go out to return the
wallet in person.

"The address was over in Boerum Hill, somewhere in the projects. It was
135 freezing out that day, and I remember getting lost a few times trying to find
the right building. Everything looks the same in that place, and you keep
going over the same ground thinking you're somewhere else. Anyway, I finally get to the apartment I'm looking for and ring the bell. Nothing happens. I assume no one's there, but I try again just to make sure. I wait a little
140 longer, and just when I'm about to give up, I hear someone shuffling to the
door. An old woman's voice asks who's there, and I say I'm looking for
Robert Goodwin. 'Is that you, Robert?' the old woman says, and then she
undoes about fifteen locks and opens the door.

"She has to be at least eighty, maybe ninety years old, and the first thing I
145 notice about her is that she's blind. 'I knew you'd come, Robert,' she says. 'I
knew you wouldn't forget your Granny Ethel on Christmas.' And then she
opens her arms as if she's about to hug me.

"I didn't have much time to think, you understand. I had to say something
real fast, and before I knew what was happening, I could hear the words co-
150 ming out of my mouth. 'That's right, Granny Ethel,' I said. 'I came back to
see you on Christmas.' Don't ask me why I did it. I don't have any idea.
Maybe I didn't want to disappoint her or something, I don't know. It just
came out that way, and then this old woman was suddenly hugging me there
in front of the door, and I was hugging her back.

155 "I didn't exactly say that I was her grandson. Not in so many words, at least,
but that was the implication. I wasn't trying to trick her, though. It was like
a game we'd both decided to play – without having to discuss the rules. I
mean, that woman *knew* I wasn't her grandson Robert. She was old and
dotty, but she wasn't so far gone that she couldn't tell the difference between
160 a stranger and her own flesh and blood. But it made her happy to pretend,

16

and since I had nothing better to do anyway, I was happy to go along with her.

"So we went into the apartment and spent the day together. The place was a real dump, I might add, but what else can you expect from a blind woman who does her own housekeeping? Every time she asked me a question about how I was, I would lie to her. I told her I'd found a good job working in a cigar store, I told her I was about to get married. I told her a hundred pretty stories, and she made like she believed every one of them. 'That's fine, Robert,' she would say, nodding her head and smiling. 'I always knew things would work out for you.'

"After a while, I started getting pretty hungry. There didn't seem to be much food in the house, so I went out to a store in the neighborhood and brought back a mess of stuff. A precooked chicken, vegetable soup, a bucket of potato salad, a chocolate cake, all kinds of things. Ethel had a couple of bottles of wine stashed in her bedroom, and so between us we managed to put together a fairly decent Christmas dinner. We both got a little tipsy from the wine, I remember, and after the meal was over we went out to sit in the living room, where the chairs were more comfortable. I had to take a pee, so I excused myself and went to the bathroom down the hall. That's were things took yet another turn. It was ditsy enough doing my little jig as Ethel's grandson, but what I did next was positively crazy, and I've never forgiven myself for it.

"I go into the bathroom, and stacked up against the wall next to the shower, I see a pile of six or seven cameras. Brand-new thirty-five-millimeter cameras, still in their boxes, top-quality merchandise. I figure this is the work of the real Robert, a storage place for one of his recent hauls. I've never taken a picture in my life, and I've certainly never stolen anything, but the moment I see those cameras sitting in the bathroom, I decide I want one of them for myself. Just like that. And without even stopping to think about it, I tuck one of the boxes under my arm and go back to the living room.

"I couldn't have been gone for more than a few minutes, but in that time Granny Ethel had fallen asleep in her chair. Too much Chianti, I suppose. I went into the kitchen to wash the dishes, and she slept on through the whole racket, snoring like a baby. There didn't seem to be any point in disturbing her, so I decided to leave. I couldn't even write a note to say good-bye, seeing that she was blind and all, and so I just left. I put her grandson's wallet on the table, picked up the camera again, and walked out of the apartment. And that's the end of the story."

"Did you ever go back to see her?" I asked.

"Once," he said. "About three or four months later. I felt so bad about stealing the camera, I hadn't even used it yet. I finally made up my mind to return it, but Ethel wasn't there anymore. I don't know what happened to her, but someone else had moved into the apartment, and he couldn't tell me where she was."

205 "She probably died."

"Yeah, probably."

"Which means that she spent her last Christmas with you."

"I guess so. I never thought of it that way."

"It was a good deed, Auggie. It was a nice thing you did for her."

210 "I lied to her, and then I stole from her. I don't see how you can call that a good deed."

"You made her happy. And the camera was stolen anyway. It's not as if the person you took it from really owned it."

"Anything for art, eh, Paul?"

215 "I wouldn't say that. But at least you've put the camera to good use."

"And now you've got your Christmas story, don't you?"

"Yes," I said. "I suppose I do."

I paused for a moment, studying Auggie as a wicked grin spread across his face. I couldn't be sure, but the look in his eyes at that moment was so mys-

220 terious, so fraught with the glow of some inner delight, that it suddenly occurred to me that he had made the whole thing up. I was about to ask him if he'd been putting me on, but then I realized he would never tell. I had been tricked into believing him, and that was the only thing that mattered. As long as there's one person to believe it, there's no story that can't be true.

225 "You're an ace, Auggie," I said. "Thanks for being so helpful."

"Any time," he answered, still looking at me with that maniacal light in his eyes. "After all, if you can't share your secrets with your friends, what kind of a friend are you?"

"I guess I owe you one."

230 "No you don't. Just put it down the way I told it to you, and you don't owe me a thing."

"Except the lunch."

"That's right. Except the lunch."

I returned Auggie's smile with a smile of my own, and then I called out to

235 the waiter and asked for the check.

Annotations:

hood (9)	=	part of a garment that covers the head
impish (10)	=	playful and mischievous; *schelmisch, verschmitzt, spitzbübisch*
wisecracking	=	making clever and smart remarks and jokes
confidant (20)	=	a person with whom one is on good and, usually, familiar, intimate terms; *Vertrauter*
bewildering (36)	=	confusing, perplexing, puzzling
numbing (38)	=	deadening, dulling; *betäubend, einschläfernd*
onslaught	=	attack

18

unrelenting (39)	=	merciless; *unerbittlich, gnadenlos*
feigned (41)	=	pretended, faked
unperturbed	=	*nicht beunruhigt, gelassen*
petty (68)	=	trivial, small, unimportant
pace	=	walking step; rate of progress; speed, tempo, routine; *Schritt, Tempo, Gang*
Yuletide (82)	=	Christmas
mush and treacle (84)	=	here: something heavily sweet and sentimental
conundrum (88)	=	riddle, puzzle, enigma
pathetic (104)	=	pitiful
punk (116)	=	petty criminal
ditsy (180)	=	extremely silly
jig	=	here: trick or game
haul (186)	=	*Fischzug*
fraught (220)	=	full of

Task 1:

The story has a rather obvious structure and basically consists of two parts or episodes:

a) Try to find a title for each of the two parts. Who are the characters in each part?

part A: _____

part B: _____

b)
– What do you think are the central passages in each of the episodes? Mark them in your text!
– How are the three figures characterized. Mark the relevant information in your text. Use different colours!
– Discuss your findings.

Task 2:

Get together in groups of four. Per group there should be at least one good dictionary available. Each group should now translate one of the following three passages from the story. Write your translation on transparencies, so they can be projected from the overhead projector.

a) lines 45–55
b) lines 56–68
c) lines 205–221

Compare your translations not only among the groups but also with the professional translation (page ? a) lines ? b) lines ? c) lines ?).
You may be surprised. Some of your solutions might be even better. Discuss.

Task 3:
In the story Auggie has done exactly the same thing every morning for the past 12 years. He has taken photographs of the same spot in his street and thus has „recorded time". Now „recorded time" could be seen as a sort of definition of history. When we think of history, however, we usually think of important political events written about in newspapers or history books, events like the Gulf War for example. Reread the relevant passages in the story (lines 35–68) and then try to formulate what kind of concept of history Anggie obviously has.

History according to Auggie is ...

_____

_____

_____

_____

The film direchtor Wayne Wang, the actor Harvey Keitel and Paul Auster, the author

In the preface to the film script of **Smoke** the film director **Wayne Wang** describes how he became interested in turning Paul Auster's short story into a film:

Christmas Day, 1990. San Francisco

My delivery of <u>The New York Times</u> did not come. I had to go to the neighborhood grocery store to buy one. I bought the last copy on the rack. The paper was very thin that day. I read through it rather quickly. Except for a couple articles about the impending Gulf War, there was not much in the news. Then something caught my eye. There was a full-page article in the Op-Ed section. It was titled "Auggie Wren's Christmas Story," by Paul Auster. As I started to read the story, I was quickly drawn into a complex world of reality and fiction, truth and lies, giving and taking. I was alternately moved to tears and laughing uncontrollably. Many of my own interesting Christmas-day experiences flashed through my mind. By the end, I felt that I had been given a wonderful Christmas gift by someone I was very close to. As soon as I finished the story, I asked my wife, "Who is Paul Auster?"

May 1991, Brooklyn

I met Paul Auster for the first time at his studio in Park Slope. By now I had read most of his books. I was very excited to meet him and talk about my ideas for turning "Auggie Wren's Christmas Story" into a feature film.

Paul was very friendly, and generous with his time. We talked for a while in his studio. We had lunch at Jack's Deli (where Auggie told Paul the Christmas Story). We bought Schimmelpennincks at the cigar store that inspired the story. We walked all over Brooklyn, and Paul told me a dozen great stories about the city. By the end of the day, as I was saying good-bye, I realized I had met a true artist who was passionate about people, life, and history. And he was committed to writing about them in his studio every day in a no-nonsense way.

That day I became more committed than ever to turning "Auggie Wren's Christmas Story" into a film.

December 1994, New York City

It has now been about four years since I first read "Auggie Wren's Christmas Story." The film I was determined to make is finally finished. It is titled <u>Smoke</u>. It took a lot of economic, emotional, and creative twists and turns and ups and downs to get to this point.

I am very proud of <u>Smoke</u> and its companion, <u>Blue in the Face</u>. These two films are Christmas gifts to the moviegoing audience from Paul Auster and Wayne Wang.

I thank Paul Auster for the inspiration, for being my friend, my brother, and my partner throughout the last four years.

Task 4:

In the above preface to the film script Wayne Wang says that when he started to read the story he was "drawn into a complex world of reality and fiction, truth and lies, giving and taking". What he means here is that the story does not give any simple, clear-cut "black and white" answers, that it is interesting, because it is full of ambiguities. Something is ambiguous when it can have two or more meanings, when, for example, it is not clear if something is good or bad, real or false etc. or both at the same time.

Go through the text of the story again and try to find examples of such ambiguities. Make a short list.

_____

_____

_____

_____

_____

II. Das Drehbuch

1. „Smoke" – das Drehbuch

Vorschläge zum abschnittsweisen Lesen und Erarbeiten des Drehbuchs findet ihr nach dem Text in den Kapiteln 2 bis 4.

Regie	Wayne Wang
Drehbuch	Paul Auster
Produktion	Greg Johnson, Peter Newmann und Diana Phillips
Fotografische Leitung	Adam Holender
Schnitt	Maysie Hoy
Produktionsdesign	Kalina Ivanov
Kostüme	Claudia Brown
Musik	Rachel Protman
Regie der Video-Einblendungen	Harvey Wang
Standfotos	Lorey Sebastian
Ausführende Produzenten	Harvey Keitel, Bob Weinstein und Harvey Weinstein

Besetzung

(in der Reihenfolge ihres Auftritts)

Auggie Wren	Harvey Keitel	**Wütender Kunde**	Vincenzo Amelia
Tommy	Giancarlo Esposito	**Doreen Cole**	Erica Gimpel
Jerry	José Zuniga	**Cyrus Jr.**	Gilson Reglas
Dennis	Steve Gevedon	**Sportreporter**	Howie Rose
Jimmy Rose	Jared Harris	**Felicity**	Ashley Judd
Paul Benjamin	William Hurt	**April Lee**	Mary Ward
Bücherdieb	Daniel Auster	**Violet**	Mel Gorham
Rashid Cole	Harold Perrineau, Jr.	**Erster Anwalt**	Baxter Harris
Kellnerin	Deirdre O'Connell	**Zweiter Anwalt**	Paul Geier
Vinnie	Victor Argo	**Charles Clemm**	
Tante Em	Michelle Hurst	**(der Kriecher)**	Malik Yoba
Cyrus Cole	Forest Whitaker	**Roger Goodwin**	Walter T. Mead
Ruby McNutt	Stockard Channing	**Kellner**	Murray Moston
		Granny Ethel	Clarice Taylor

1. Außen. Tag. Hochbahn.

Vor dem Hintergrund der Skyline von Manhattan sehen wir eine Hochbahn in Richtung Brooklyn fahren.
Einen Augenblick später hören wir Stimmen. Lebhafte Diskussion in der Brooklyn Cigar Company.

2. Innen. Tag. Die Brooklyn Cigar Company.

Der Zigarrenladen von innen. Vitrinen mit Zigarrenkästen, eine Wand mit Zeitschriften, Stapel von Zeitungen, Zigaretten, Raucherzubehör. An der Wand Schwarzweißfotos von Zigarrenrauchern: Groucho Marx, George Burns, Clint Eastwood, Edward C. Robinson, Orson Welles, Charles Laughton, Frankensteins Monster, Leslie Caron, Ernie Kovacs.
Worte erscheinen auf der Leinwand: „SOMMER 1990“
AUGGIE WREN *steht hinter dem Ladentisch. Er ist zwischen 40 und 50 Jahre alt, eine schmuddlige Erscheinung, ungekämmt, Zweitagebart, Bluejeans und T-Shirt. Auf einem Arm prangt eine komplizierte Tätowierung.*
Um diese Zeit kommt wenig Kundschaft. AUGGIE *blättert in einer Fotozeitschrift. In der Nähe des Ladentischs stehen drei Wetthaie; Typen aus der Nachbarschaft, die sich gern im Laden aufhalten und mit Auggie plaudern. Ein Schwarzer (*TOMMY*) und zwei Weiße (*JERRY *und* DENNIS*).* DENNIS *trägt ein T-Shirt mit der Aufschrift:* „Wenn das Leben ein Traum ist, was passiert, wenn ich aufwache?“

TOMMY: Ich sag dir, warum die's zu nichts bringen.

JERRY: So? Warum denn?

TOMMY: Liegt am Management. Diese Leute haben doch den Kopf im Arsch.

DENNIS: Haben aber ein paar dicke Einkäufe gemacht, Tommy. Hernandez, Carter. Ohne diese beiden hätte es die World Series nie gegeben.

TOMMY: Das war vor vier Jahren. Ich rede von heute. *(Wird heftiger.)* Wen die alles gefeuert haben. Mitchell. Backman. McDowell. Dykstra. Aguillera. Mookie. Mookie Wilson, nicht zu fassen! *(Schüttelt den Kopf.)*

JERRY *(sarkastisch)*: Und vergiss Nolan Ryan nicht.

DENNIS *(stimmt ein)*: Ja. Und Amos Otis.

TOMMY *(achselzuckend)*: Okay, macht euch nur lustig. Ist mir scheißegal.

JERRY: Mann, das ist doch keine Wissenschaft. Du kannst gute oder schlechte Leute einkaufen. Glück oder Pech. Ganz einfach.

TOMMY: Die hätten überhaupt nichts zu tun brauchen, so seh ich das. Die Mannschaft war in Ordnung, die beste von allen. Und die mussten alles kaputtmachen. *(Pause)* Haben ihr Erstgeburtsrecht für eine Schüssel Haferbrei verscherbelt. *(Schüttelt den Kopf.)* Eine Schüssel Haferbrei.

Die Ladenglocken klingeln, jemand kommt herein. Es ist AUGGIES *Schützling*

JIMMY ROSE, *ein geistig zurückgebliebener Mann Ende Zwanzig. Er hat den Bürgersteig vor dem Laden gefegt und trägt einen Besen in der rechten Hand.*

AUGGIE: Na, Jimmy, wie war's da draußen?

JIMMY: Schön. Richtig schön. *(Zeigt stolz den Besen vor.)* Alles fertig.

AUGGIE *(philosophisch)*: Fertig wird so etwas nie.

JIMMY *(verwirrt)*: Hä?

AUGGIE: So ist das nun mal mit Bürgersteigen. Die Leute kommen und gehen und alle werfen irgendeinen Scheiß auf den Boden. Kaum hast du eine Stelle gefegt und machst dich an die nächste, ist die erste schon wieder schmutzig.

JIMMY *(versucht AUGGIES Bemerkung zu verdauen)*: Ich tu nur, was du mir sagst, Auggie. Wenn ich fegen soll, feg ich eben.

Wieder klingeln die Ladenglocken, ein Kunde betritt den Laden: Mittelschicht, Anfang Dreißig. Während JERRY JIMMY aufzieht, tritt der Mann an den Ladentisch. Im Hintergrund sehen wir ihn mit AUGGIE sprechen. AUGGIE nimmt ein paar Zigarrenkisten aus der Vitrine und legt sie dem JUNGEN MANN vor. Im Vordergrund sehen wir:

JERRY *(neckend)*: He, Jimmy. Wie viel Uhr ist es?

JIMMY *(dreht sich zu ihm um)*: Hä?

JERRY: Hast du noch die Uhr, die Auggie dir geschenkt hat?

JIMMY *(hält die linke Hand hoch, zeigt billige Digitaluhr. Lächelt)*: Ticktack, ticktack.

JERRY: Also, wie viel Uhr ist es?

JIMMY *(betrachtet die Uhr)*: Zwölf elf. *(Pause)* Zwölf zwölf. *(Sieht lächelnd auf.)* Zwölf zwölf.

Plötzlich ein Schrei vom Ladentisch.

JUNGER MANN *(entsetzt)*: 92 Dollar?

Die Szene verlagert sich auf AUGGIE und den JUNGEN MANN.

AUGGIE: Die sind nicht billig. Das sind echte Kunstwerke. Handgerollt in den Tropen, höchstwahrscheinlich von einer Achtzehnjährigen in einem dünnen Baumwollkleid mit nichts drunter. Schweißperlen rollen ihr in den nackten Busen. Flink produzieren die glatten zierlichen Finger ein Meisterwerk nach dem anderen …

JUNGER MANN *(zeigt)*: Und wie viel kosten die da?

AUGGIE: 87 Dollar. Die Kleine, die sich gerollt hat, hatte wahrscheinlich ein Höschen an.

JUNGER MANN *(zeigt)*: Und die?

AUGGIE: 56. Das Mädchen trug ein Korsett.

JUNGER MANN *(zeigt)*: Und die?

AUGGIE: 44. Von den Kanarischen Inseln. Sonderangebot der Woche. Praktisch geschenkt.

JUNGER MANN: Ich glaub, die nehm ich. *(Zieht seine Brieftasche, zählt 50 Dollar ab und gibt sie Auggie.)*

AUGGIE: Eine gute Wahl. Man will ja die Geburt seines Erstgeborenen nicht mit einer Kiste Stinkbomben feiern, stimmt's? Und bitte im Kühlschrank aufbewahren.

JUNGER MANN: Im Kühlschrank?

AUGGIE: Da bleiben sie frisch. Wenn sie zu trocken werden, können sie aufplatzen. Und das möchten Sie doch sicher nicht? *(Steckt die Zigarrenkiste in eine Tüte, legt das Geld in die Kasse.)* Tabak ist eine Pflanze. Und muss genauso liebevoll behandelt werden wie eine Orchidee.

JUNGER MANN: Danke für den Tipp.

AUGGIE: Gern geschehen. Und Glückwunsch an Sie und Ihre Frau. Wie sagte doch der unsterbliche Rudyard Kipling: „Eine Frau ist nur eine Frau, aber eine Zigarre ist was zum Rauchen."

JUNGER MANN *(verwirrt)*: Was soll das heißen?

AUGGIE: Wenn ich das wüsste. Hört sich aber gut an, oder?

In diesem Augenblick klingelt wieder die Ladenglocke. Schnitt. Die Tür. Ein Kunde betritt den Laden: PAUL BENJAMIN. *Er ist Anfang Vierzig und trägt einen knittrigen Anzug. Als er zum Ladentisch geht, streift der* JUNGE MANN *an ihm vorbei und geht hinaus. Die Wetthaie und* JIMMY *hören* PAUL *und* AUGGIE *zu.*

PAUL: Hallo, Auggie. Wie steht's?

AUGGIE: Du bist's. Schön dich zu sehen. Was darf's denn heute sein?

PAUL: Zwei Dosen Schimmelpennincks. Und ein Feuerzeug, wenn du schon mal dabei bist.

AUGGIE *(greift nach Zigarillos und Feuerzeug)*: Wir hatten gerade ein philosophisches Gespräch über Frauen und Zigarren. Da gibt's ein paar interessante Parallelen.

PAUL *(lacht)*: Allerdings. *(Pause)* Dürfte auf Queen Elizabeth zurückgehen.

AUGGIE: Die englische Königin?

PAUL: Nicht Elizabeth die Zweite. Elizabeth die Erste. *(Pause)* Schon mal von Sir Walter Raleigh gehört?

TOMMY: Sicher. Das war doch der, der seinen Mantel in die Pfütze geworfen hat.

JERRY: Ich hab früher mal Raleigh-Zigaretten geraucht. Die hatten immer so Geschenkcoupons in der Packung.

PAUL: Genau den meine ich. Also, dieser Raleigh hat den Tabak nach England gebracht. Und da er ein Liebling der Königin war – er nannte sie Queen Bess –, ist das Rauchen bei Hof Mode geworden. Die alte Bess hat bestimmt so manchen Glimmstängel mit Sir Walter gepafft. Einmal hat er mit ihr gewettet, dass er das Gewicht von Rauch bestimmen könne.

DENNIS: Wie, er wollte den Rauch wiegen?

PAUL: Genau. Rauch wiegen.

TOMMY: Das geht doch nicht. Luft kann man ja auch nicht wiegen.

PAUL: Ich gebe zu, es ist ein bisschen seltsam. Fast, als ob man eine Seele wiegen wollte. Aber Sir Walter war ein schlauer Bursche. Erst nahm er eine ungerauchte Zigarre und legte sie auf eine Waage. Dann steckte er sie an und rauchte sie, wobei er sorgfältig die Asche auf die Waage stippte. Als er fertig war, legte er den Stummel zu der Asche auf die Waage und las das Gewicht ab. Dann subtrahierte er diese Zahl vom Gewicht der ungerauchten Zigarre. Die Differenz war das Gewicht des Rauchs.

TOMMY: Nicht übel. So einen könnten wir als Manager für die Mets gebrauchen.

PAUL: Ja, er war klug, aber nicht so klug, dass er 20 Jahre später hätte verhindern können, geköpft zu werden. *(Pause)* Aber das ist eine andere Geschichte.

AUGGIE *(gibt Paul das Wechselgeld, steckt Zigarren und Feuerzeug in eine Tüte)*: Und 7,85 macht 20. *(Als Paul sich zum Gehen wendet)*: Mach's gut und tu nichts, was ich nicht auch tun würde.

PAUL *(lächelnd)*: Ich denk nicht dran. *(Winkt den anderen flüchtig zu.)* Bis dann.

AUGGIE *und die anderen sehen* PAUL *hinterher.*

TOMMY *(sich* AUGGIE *zuwendend)*: Was war das denn für ein Klugscheißer?

AUGGIE: Lass das. Ist ein guter Junge.

JERRY: Den kenn ich. Kommt ziemlich oft hierher, stimmt's?

AUGGIE: Ungefähr zweimal die Woche. Er ist Schriftsteller. Wohnt hier in der Gegend.

TOMMY: Und was schreibt er? Einkaufszettel?

AUGGIE *(pikiert)*: Sehr witzig. Also deine Witze, Tommy – manchmal denk ich, du solltest damit zum Arzt gehen. Mach mal 'ne Witztherapie oder so was. Lass mal deine Gehirnventile durchpusten.

TOMMY *(zuckt leicht verlegen die Achseln)*: Sollte doch nur ein Witz sein.

AUGGIE: Er schreibt Romane. Paul Benjamin. Nie von ihm gehört? *(Pause)* War 'ne blöde Frage. Ihr lest ja doch nur die Wettzettel und die Sportseiten der Post. *(Pause)* Hat drei oder vier Bücher geschrieben. Aber seit ein paar Jahren nichts mehr.

DENNIS: Wieso das denn? Keine Ideen mehr?

AUGGIE: Eher kein Glück mehr. *(Pause)* Wisst ihr noch, der Überfall vor ein paar Jahren? Auf der 7th Avenue?

JERRY: Du meinst den Banküberfall? Als die beiden auf offener Straße rumgeballert haben?

AUGGIE: Richtig. Es gab vier Tote. Darunter Pauls Frau. *(Pause)* Der arme Kerl, hat sich immer noch nicht davon erholt. *(Pause)* Das Komische ist, sie war gerade bei mir im Laden gewesen, kurz bevor es passierte. Um Zigarillos für ihn zu holen. War 'ne nette Frau, Ellen. Im vierten oder fünften Monat, damals. Als sie getötet wurde, war natürlich auch das Baby tot.

TOMMY: Schwarzer Tag, würd ich sagen.

AUGGIE *Gesicht in Nahaufnahme – er erinnert sich.*

AUGGIE: Kann man wohl sagen. Manchmal denke ich, wenn sie mir an dem Tag das Geld nicht abgezählt gegeben hätte oder wenn mehr Leute im Laden gewesen wären, hätte sie ein bisschen länger gebraucht und wäre nicht direkt vor die Knarre gelaufen. Sie wär noch am Leben, das Baby wär auf der Welt, und Paul würde zu Hause sitzen und ein Buch schreiben und nicht verkatert durch die Straßen schleichen. *(Sein nachdenklicher Gesichtsausdruck weicht einer erschrockenen Miene.)*

Schnitt. Ein weißer Jugendlicher, der sich in einer Ecke des Ladens Taschenbücher in die Taschen seiner zerschlissenen Armeejacke stopft.

AUGGIE: He! Was machst du da, Junge! He, lass das!

AUGGIE *kommt hinter dem Ladentisch hervor, der Junge rennt aus dem Laden.*

3. Außen. Tag. Seventh Avenue.

AUGGIE *jagt den Bücherdieb die Straße hinunter. Schließlich geht ihm die Luft aus und er gibt auf. Er hält einen Moment inne, um zu verschnaufen, dreht sich um und läuft zum Geschäft zurück.*

4. Innen. Tag. Pauls Wohnung. Ein Haus am Park Slope (3. Stock).

Kurze Blende auf einen Zigarillo, der brennend in einem Aschenbecher liegt. Die Kamera geht zurück und zeigt PAUL *an seinem Schreibtisch. Er schreibt auf einem gelben Notizblock. Auf dem Schreibtisch steht eine alte Smith-Corona-Schreibmaschine, in die ein Bogen eingespannt ist. In der Ecke dahinter steht ein ausgedienter Text-Computer. Das Arbeitszimmer ist nüchtern eingerichtet. Schreibtisch, Stuhl und ein schmaler Bücherschrank, in dessen Regalen sich Manuskripte und Zeitungen stapeln. Vom Fenster aus blickt man auf eine Backsteinmauer.*

Während PAUL *weiterschreibt, fährt die Kamera vom Arbeitszimmer in das größere der beiden Zimmer.*

*Das größere Zimmer ist ein Allzweckraum mit Schlafbereich, Kochnische, Esstisch und Sessel. Eine ganze Wand wird von oben bis unten von einem überfüllten Bücherregal eingenommen. Die Erkerfenster gehen nach vorn auf die Straße hinaus. Neben dem Bett sehen wir das gerahmte Foto einer jungen Frau. (*PAULS *verstorbene Frau Ellen).*

Die Kamera fährt in das Arbeitszimmer zurück. PAUL *bei der Arbeit. Ausblenden.*

Aufblenden. PAUL *verspeist am Schreibtisch ein Fertigmenü und schreibt dabei weiter. Plötzlich stößt er das Essen aus Versehen mit dem Ellbogen vom Schreibtisch. Als er die Bescherung beseitigen will, kommt ihm eine Idee. Anstatt aufzuräumen, wendet er sich wieder seinem Block zu und schreibt weiter.*

5. Außen. Tag. Vor der Brooklyn Cigar Company.

Wir sehen PAUL *aus dem Zigarrenladen kommen.* JIMMY ROSE *steht an der Ecke und beobachtet ihn während der ganzen Szene.* PAUL *macht drei oder vier Schritte, dann fällt ihm ein, dass er etwas vergessen hat. Er geht in den Laden zurück. Während seiner kurzen Abwesenheit bleibt* JIMMY *an der Ecke stehen und imitiert* PAULS *Gebären: die Taschen abtasten, verwirrt dreinschauen, feststellen, dass die Zigarillos, die er gerade gekauft hat, liegen geblieben sind.*
Gleich darauf kommt PAUL *wieder heraus, in der Hand eine Dose Schimmelpennincks. Er bleibt stehen, nimmt einen Zigarillo aus der Dose und zündet ihn an. Er geht weiter, offensichtlich zerstreut. An einer Ecke bleibt er kurz stehen, dann läuft er auf die Straße, ohne auf den Verkehr zu achten. Ein Abschleppwagen rast mit hoher Geschwindigkeit auf die Kreuzung zu. In letzter Sekunde wird* PAUL *von einer schwarzen Hand am Arm gepackt und auf den Bordstein zurückgezogen. Wenn niemand eingegriffen hätte, wäre er mit Sicherheit überfahren worden.*
Wir sehen PAULs *Retter: Es ist* RASHID COLE, *ein schwarzer Jugendlicher, 16–17 Jahre alt. Er ist groß und für sein Alter gut gewachsen. Er trägt einen Nylonrucksack über der linken Schulter.*

RASHID: Vorsicht, Mann. Sonst leben Sie nicht mehr lange.

PAUL *(ganz durcheinander, sich noch immer an* RASHIDS *Arm festklammernd)*: Wie ist denn so was möglich ... ich lauf hier rum wie im Nebel.

RASHID: Ist ja nichts passiert. Alles in Ordnung. *(Bemerkt plötzlich, dass sie sich noch immer an den Armen gepackt halten. Versucht sich loszumachen).* Ich muss jetzt weiter.

PAUL *(immer noch erschüttert. Lässt ihn los, packt ihn dann wieder)*: Nein, Moment noch. Du kannst nicht einfach so weggehen. *(Pause)* Du hast mir das Leben gerettet.

RASHID *(achselzuckend)*: Reiner Zufall. War zufällig zur rechten Zeit am rechten Ort.

PAUL *(lockert den Griff)*: Ich bin dir etwas schuldig.

RASHID: Schon gut, Mister. Keine große Sache.

PAUL: O doch. Das ist ein Naturgesetz. Wenn ich dich jetzt gehen lasse, gerät der Mond aus seiner Umlaufbahn. Und in der Stadt wird hundert Jahre lang die Pest wüten.

RASHID *(verblüfft, amüsiert. Lächelt matt)*: Na ja, wenn Sie das so sehen.

PAUL: Ich muss irgendetwas für dich tun, damit die Waage wieder ins Gleichgewicht kommt.

RASHID *(denkt nach, schüttelt den Kopf)*: Ach was, ist schon gut.

PAUL: Bitte. Ich will dir wenigstens eine Tasse Kaffee ausgeben.

RASHID: Ich trinke keinen Kaffee. *(Lächelt)* Andererseits, wenn Sie darauf bestehen, also wenn Sie mir eine Limo ausgeben wollen, würde ich nicht nein sagen.

PAUL: In Ordnung. Also eine Limo. *(Pause. Streckt die rechte Hand aus.)* Ich heiße übrigens Paul.

RASHID: Rashid. Rashid Cole. *(Schüttelt ihm die Hand.)*
Schnitt.

6. Innen. Tag. Griechisches Restaurant am Park Slope.

PAUL *und* RASHID *sitzen in einer Nische. Das Lokal ist fast leer.*
Wir sehen RASHID, *der seine zweite Limonade austrinkt.*

PAUL *(sieht ihm beim Trinken zu)*: Willst du wirklich nichts dazu essen? So viel Flüssigkeit braucht doch eine Grundlage. Sonst schwappt dir das doch im Magen herum, wenn du aufstehst.

RASHID: Nein, nein. Ich hab schon Mittag gegessen.

PAUL *(sieht nach der Uhr an der Wand)*: Dann isst du ja ziemlich früh zu Mittag. Es ist ja erst elf Uhr.

RASHID: Ich hab Frühstück gemeint.

PAUL *(sieht ihn scharf an)*: Ja, sicher, und ich wette, gestern Abend hast du Hummer gegessen. Und zwei Flaschen Champagner dazu getrunken.

RASHID: Nur eine. Maßhalten ist meine Devise.

PAUL: Hör mal, du brauchst mir nichts vorzumachen. Wenn du einen Hamburger oder so was haben willst, bestell dir ruhig einen.

RASHID *(zögernd)*: Na ja, aber nur einen. Aus Höflichkeit.

PAUL *(dreht sich zur* KELLNERIN *um. Sie kommt)*: Keine Cocktails mehr. Der junge Mann möchte einen Hamburger bestellen.

KELLNERIN *(zu* RASHID*)*: Wie möchten Sie ihn?

RASHID: Medium, bitte.

KELLNERIN: Pommes frites dazu?

RASHID *(sieht* PAUL *an.* PAUL *nickt)*: Ja, bitte.

KELLNERIN: Salat und Tomaten?

RASHID *(sieht* PAUL *an.* PAUL *nickt)*: Ja, bitte.

KELLNERIN *(zeigt auf* RASHIDS *leeres Limonadenglas)*: Möchten Sie davon auch noch eins?

PAUL: Ja, bringen Sie ihm noch eins. Und mir können Sie eine Tasse Kaffee bringen.

KELLNERIN: Heißen Kaffee oder Eiskaffee?

PAUL: Haben Sie echten Eiskaffee oder schütten Sie einfach heißen Kaffee über ein paar Eiswürfel?

KELLNERIN: Hier bei uns ist alles echt. *(Pause)* So echt wie die Farbe meiner Haare.

Paul und Rashid sehen sie an. Ihre Haare sind knallrot gefärbt.

PAUL *(trocken)*: Ich nehme den Eiskaffee. *(Pause)* Man lebt schließlich nur einmal.

KELLNERIN *(genauso trocken)*: Wenn man Glück hat. *(Pause)* Hängt aber auch davon ab, was man unter Leben versteht. *(Geht)*

PAUL *(zu RASHID)*: Ich will mich ja nicht einmischen, aber wenn ich jemanden mit so einen großen Rucksack rumlaufen sehe, dann frage ich mich, ob er da vielleicht seinen ganzen Besitz mit sich rumträgt. Steckst du in Schwierigkeiten oder so?

RASHID *(behält seine Pose bei)*: Eher oder so.

PAUL: Wenn du nicht willst, brauchst du mir nichts zu sagen, aber vielleicht könnte ich dir helfen.

RASHID *(zögern)*: Sie kennen mich doch gar nicht.

PAUL: Richtig. Aber ich bin dir etwas schuldig und ich weiß nicht, ob die Sache mit einem einzigen Hamburger abgetan ist. *(Pause)* Also, was ist es? Familienprobleme? Geldprobleme?

RASHID: Nein, nein, Mami und Papi haben Knete genug.

PAUL: Und wo leben Mami und Papi?

RASHID: East 74th Street.

PAUL: In Manhattan?

RASHID: Ja sicher. Wo sonst?

PAUL: Und was machst du dann am Park Slope? Ist doch ziemlich weit weg von zu Hause, oder?

RASHID *(allmählich nachgebend)*: Genau da fängt das ‚Oder so' an.

PAUL: Das ‚Oder so'?

RASHID: Das ‚Oder so'. *(Pause)* Ich bin sozusagen von zu Hause weggelaufen. *(Pause)* Hat nichts mit meinen Eltern zu tun oder mit Geld. Ich hab was gesehen, was ich nicht sehen sollte, und da ist es fürs Erste das Beste, wenn ich von der Bildfläche verschwinde.

PAUL: Kannst du das nicht etwas deutlicher erklären?

RASHID *sieht ihn an, zögert, senkt den Blick.*

PAUL *(Pause. Will ihn nicht bedrängen)*: Und wo bist du jetzt untergekommen?

RASHID: Mal hier, mal da.

PAUL: Aha. Also wahrscheinlich in irgendwelchen netten Pensionen mit Übernachtung und Frühstück.

RASHID: Ja. Genau.

PAUL: Nur dass es da weder Bett noch Frühstück gibt, stimmt's?

RASHID: Die materielle Welt ist eine Illusion. Ob es da so was gibt oder nicht, spielt keine Rolle. Die wahre Welt ist nur in meinem Kopf.

PAUL: Aber dein Körper ist in der Welt. *(Pause)* Wenn dir jemand eine Wohnung anbieten würde, würdest du nicht unbedingt nein sagen, oder?

RASHID *(denkt nach)*: So was gibt's in New York nicht. Nicht in New York.

PAUL: Aber mich gibt's. Mich. Und ich mach alles, was ich will. Kapiert?

RASHID: Danke, aber ich komm auch so zurecht.

PAUL: Nur zu deiner Beruhigung: Ich steh auf Frauen, nicht auf kleine Jungs. Und ich kann dich auch nicht langfristig unterbringen – höchstens für ein paar Nächte, damit du mal ausschlafen kannst.

RASHID: Keine Sorge, ich komm schon allein zurecht.

PAUL: Wie du willst. Aber falls du es dir anders überlegst, hier ist meine Adresse. *(Zieht einen Notizblock aus der Tasche und schreibt die Adresse auf. Reißt den Zettel ab und gibt ihm Rashid).*

Die KELLNERIN *bringt das Bestellte.*

KELLNERIN: Einen Hamburger medium mit Salat und Tomate. *(Stellt den Teller vor* RASHID *hin.)* Einmal Pommes frites. *(Stellt den Teller hin.)* Eine Limonade. *(Stellt das Glas hin.)* Und eine Portion Wahrheit. *(Stellt* PAUL *den Eiskaffee hin.)*

PAUL *sieht zu, wie* RASHID *den Hamburger packt und hineinbeißt.*

7. Innen. Tag. Die Brooklyn Cigar Company.

Leerlauf im Laden. AUGGIE *sitzt hinter dem Ladentisch, blättert in einer Zeitschrift und isst ein Stück Pizza.* VINNIE *kommt dazu. Er ist der Besitzer des Ladens: ein großer Mann in den Fünfzigern.*

VINNIE: Okay, damit ist wohl alles geregelt. *(Zündet sich eine Zigarre an.)* Du hast unsere Nummer in Cape Cod, ja? Nur falls was sein sollte.

AUGGIE *(kauend, ohne von der Zeitschrift aufzublicken)*: Alles klar, Vinnie. Alles unter Kontrolle. *(Blickt schließlich auf.)* Den Laden könnte ich im Schlaf betreiben.

VINNIE *(mustert ihn)*: Wie lange arbeitest du schon für mich, Auggie?

AUGGIE *(zieht die Schultern hoch, sieht wieder in die Zeitschrift)*: Weiß nicht. Dreizehn Jahre, vierzehn. So was um den Dreh.

VINNIE: Ist das nicht verrückt? Ich meine, so ein kluger Bursche wie du. Warum suchst du dir nicht einen interessanteren Job?

AUGGIE *(achselzuckend)*: Keine Ahnung. *(Blättert um.)* Vielleicht, weil ich dich so gern habe, Boss.

VINNIE: Quatsch. Du hättest schon längst heiraten sollen. Ein paar Kinderchen kriegen, eine geregelte Arbeit anfangen.

AUGGIE: Einmal hätte ich fast geheiratet.

VINNIE: Ja, ich weiß. Diese Kleine, die dann nach Pittsburgh umgezogen ist.

AUGGIE: Ruby McNutt. Meine einzige wahre Liebe.

VINNIE: Klingt mir wieder mal nach einer deiner Geschichten.

AUGGIE *(schüttelt den Kopf)*: Als ich zur Navy musste, hat sie einfach einen anderen geheiratet. Aber als ich dann entlassen wurde, war sie schon geschieden. Ihr Mann hatte ihr bei einem Ehestreit ein Auge ausgeschlagen.

VINNIE *(pafft an seiner Zigarre)*: Reizend.

AUGGIE: Als ich wieder da war, ist sie mir nachgelaufen, aber das Glasauge hat mich ziemlich irritiert. Immer wenn wir im Bett lagen, musste ich an dieses Loch in ihrem Kopf denken, diese leere Höhle mit dem Glasauge drin. Ein Auge, das nicht sehen konnte, ein Auge, das nicht weinen konnte. Und sobald ich daran denken musste, ist mein Kleiner abgeschlafft. Und eine Frau, bei der mein Kleiner nicht strammsteht, kann ich nicht heiraten.

VINNIE *(kopfschüttelnd)*: Du nimmst wohl gar nichts ernst, oder?

AUGGIE: Ich geb mir Mühe. Ist besser für die Gesundheit. Sieh dich doch an, Vincent. Du hast eine Frau, drei Kinder und ein Haus auf Long Island. Du hast weiße Schuhe und einen weißen Cadillac und einen weißen Florteppich. Aber du hattest auch zwei Herzinfarkte, während ich noch immer auf meinen ersten warte.

VINNIE *(nimmt die Zigarre aus dem Mund und sieht sie angewidert an)*: Ich sollte wirklich aufhören, diese verdammten Dinger zu rauchen. Die bringen mich noch mal um.

AUGGIE: Genieße es, so lange du kannst, Vin. Demnächst wird man es uns sowieso per Gesetz verbieten.

VINNIE: Wer sich beim Rauchen erwischen lässt, wird an die Wand gestellt und erschossen.

AUGGIE *(nickend)*: Heute Tabak, morgen Sex. In drei oder vier Jahren wird es gesetzlich verboten sein, einen Fremden anzulächeln.

VINNIE *(dem etwas einfällt)*: A propos: Hast du noch immer vor, das Geschäft mit den Montecristos durchzuziehen?

AUGGIE: Ist schon alles geregelt. Mein Mann in Miami will sie in den nächsten Wochen liefern. *(Pause)* Bist du sicher, dass du nicht einsteigen willst? 5000 Dollar Einsatz, garantiert 100 000 Gewinn. Alles nur Anwälte und Richter. Die lechzen schier nach echten kubanischen Zigarren.

VINNIE: Nein danke. Mach, was du willst, aber lass dich bloß nicht erwischen. Wenn ich nicht irre, ist es immer noch verboten, in diesem Land hier kubanische Zigarren zu verkaufen.

AUGGIE: Wenn die Richter selber sie kaufen. Das ist doch grade das Schöne daran. Oder hast du schon mal gehört, dass ein Richter sich selbst ins Gefängnis schickt?

VINNIE: Wie du meinst. Aber lass die Kisten nicht allzu lange hier im Laden.

AUGGIE: Die sind schnell wieder weg. Hab alles bis ins Kleinste geplant.

VINNIE *(blickt auf die Uhr)*: Jetzt muss ich aber. Terry bringt mich um, wenn ich zu spät komme. Also dann, bis September, Auggie.

AUGGIE: Okay, Boss. Grüß Frau und Kinder von mir, und so weiter, und so weiter. Schick mir 'ne Postkarte, falls du dir die Adresse merken kannst.

VINNIE *geht.* AUGGIE *wendet sich wieder der Pizza und der Zeitschrift zu.*

8. Außen. Tag. Vor der Brooklyn Cigar Company.

Der Abendhimmel. Dann der Zigarrenladen. Wir sehen die Lichter ausgehen. AUGGIE *kommt heraus, schließt die Tür ab und zieht das Metallgitter vor die Schaufenster. Schnitt.* PAUL, *der die Straße hinunter auf* AUGGIE *zuläuft.*

PAUL *(außer Atem)*: Schon geschlossen?

AUGGIE: Sind Ihnen die Schimmelpennincks ausgegangen?

PAUL *(nickt)*: Könnten Sie mir noch welche verkaufen?

AUGGIE: Kein Problem. Nicht dass ich eilig in die Opfer müsste oder so was.

Auggie schiebt das Gitter hoch und die beiden gehen in den Laden.

9. Innen. Abend. Die Brooklyn Cigar Company.

PAUL *und* AUGGIE *betreten den dunklen Laden.* AUGGIE *macht Licht, dann geht er hinter den Ladentisch, um Pauls Zigarillos zu holen.* PAUL *bemerkt die 35-Millimeter-Kamera neben der Kasse.*

PAUL: Hat hier jemand seine Kamera vergessen?

AUGGIE *(dreht sich um)*: Ja. Ich.

PAUL: Die gehört Ihnen?

AUGGIE: Allerdings. Die hab ich schon eine ganze Weile.

PAUL: Wusste gar nicht, dass Sie fotografieren.

AUGGIE *(gibt* PAUL *die Zigarillos)*: Man könnte es ein Hobby nennen. Ich brauch nicht mehr als fünf Minuten pro Tag dafür, aber ich mach es täglich, bei jedem Wetter. So ähnlich wie der Briefträger. *(Pause)* Manchmal hab ich das Gefühl, mein Hobby ist mein richtiger Job und mein Job ist bloß ein Mittel, mein Hobby auszuüben.

PAUL: Sie schieben also nicht nur Kleingeld über die Theke?

AUGGIE: So mag es aussehen, aber das ist nicht alles.

PAUL *(sieht* AUGGIE *mit neuen Augen an)*: Wie hat das angefangen?

AUGGIE: Das mit dem Fotografieren? *(Lächelt)* Das ist eine lange Geschichte. Um die zu erzählen, brauch ich schon ein paar Drinks.

PAUL *(nickend)*: Ein Fotograf…

AUGGIE: Na, übertreiben wir's mal nicht. Ich mache Fotos. Man sucht sich ein Motiv aus und drückt auf den Auslöser. Das kann man wohl kaum als künstlerische Arbeit bezeichnen.

PAUL: Ich würd mir Ihre Bilder gern mal ansehen.

AUGGIE: Das lässt sich machen. Schließlich hab ich Ihre Bücher gelesen, also kann ich Ihnen auch meine Bilder zeigen. *(Pause. Plötzlich verlegen.)* Es wäre mir eine Ehre.

10. Innen. Abend. Auggies Wohnung.

AUGGIE *und* PAUL *sitzen am Küchentisch, geöffnete Schachteln mit chinesischem Essen sind zur Seite geschoben. Der größte Teil des Tischs ist mit großen schwarzen Fotoalben bedeckt. Insgesamt vierzehn. Der Rücken eines jeden ist mit einer Jahreszahl von 1977 bis 1990 beschriftet. Ein Album (1987) liegt geöffnet auf* PAULS *Schoß. Nahaufnahmen von einer Seite dieses Albums. Auf der Seite befinden sich sechs Schwarzweißfotos, die alle das gleiche Motiv zeigen: Ecke 3. und 7. Straße um 8 Uhr morgens. Rechts oben klebt auf jedem Foto ein Etikett mit dem Datum: 9. 8. 87, 10. 8. 87, 11. 8. 87 usw.* PAUL *blättert um: Wir sehen sechs weitere ähnliche Fotos. Er blättert weiter: das Gleiche. Und weiter: das Gleiche.*

PAUL *(erstaunt)*: Die sind ja alle gleich.

AUGGIE *(lächelt stolz)*: Ganz echt. Über 4000 Bilder von derselben Stelle. Ecke Third Street und Seventh Avenue um acht Uhr morgens. Viertausend Tage hintereinander bei jedem Wetter. *(Pause)* Deshalb kann ich auch niemals Urlaub machen. Weil ich jeden Tag an meiner Stelle sein muss. Jeden Morgen zur selben Zeit an derselben Stelle.

PAUL *(ratlos. Blättert um, blättert weiter)*: So was hab ich noch nie gesehen.

AUGGIE: Das ist mein Projekt. Sozusagen mein Lebenswerk.

PAUL *(legt das Album weg und nimmt ein anderes. Blättert darin herum und sieht immer das Gleiche. Schüttelt verblüfft den Kopf)*: Erstaunlich. *(Versucht höflich zu sein.)* Aber ich weiß nicht, ob ich das richtig verstehe. Ich meine, wie sind Sie denn auf die Idee gekommen ... zu diesem Projekt?

AUGGIE: Keine Ahnung, einfach so. Immerhin ist das meine Ecke. Nur ein kleiner Teil der Welt, aber auch da spielt sich was ab, genau wie überall anders. Es ist eine Aufzeichnung meiner kleinen Welt.

PAUL *(herumblätternd, noch immer kopfschüttelnd)*: Irgendwie überwältigend.

AUGGIE *(immer noch lächelnd)*: Wenn Sie nicht langsamer machen, werden Sie es nie verstehen, mein Freund.

PAUL: Wie meinen Sie das?

AUGGIE: Sie blättern zu schnell weiter. Sie sehen sich die Bilder ja kaum an.

PAUL: Aber die sind doch alle gleich.

AUGGIE: Die sind alle gleich, aber jedes ist anders als alle anderen. Es gibt helle Morgen und dunkle Morgen, es gibt Sommerlicht und Herbstlicht. Es gibt Wochentage und Wochenenden. Es gibt Leute in Mantel und Galoschen und es gibt Leute in Shorts und T-Shirts. Manchmal dieselben Leute, manchmal andere. Und manchmal werden die anderen dieselben und dieselben verschwinden. Die Erde kreist um die Sonne und ihr Licht trifft die Erde jeden Tag in einem anderen Winkel.

PAUL *(blickt von dem Album auf)*: Also langsamer, hm.

AUGGIE: Ja, das würde ich empfehlen. Sie wissen ja, wie das ist. Morgen, morgen, morgen, immer schleicht die Zeit voran.

Nahaufnahme des Fotoalbums. Nacheinander bedeckt jeweils ein Bild die ganze Leinwand. AUGGIES *Projekt entfaltet sich vor uns. Ein Bild folgt dem anderen: immer die gleiche Stelle zur gleichen Zeit im Wechsel der Jahreszeiten. Nahaufnahmen verschiedener Gesichter. Dieselben Leute erscheinen auf verschiedenen Bildern, manchmal in die Kamera blickend, manchmal nicht. Dutzende solcher Fotos. Schließlich eine Nahaufnahme von Ellen,* PAULS *verstorbener Frau.*

Nahaufnahme von PAULS *Gesicht.*

PAUL: Mein Gott. Das ist Ellen.

Die Kamera schwenkt weg. AUGGIE *beugt sich über* PAULS *Schulter.* PAUL *zeigt mit dem Finger auf Ellens Gesicht.*

AUGGIE: Ja. Genau. Auf denen von diesem Jahr taucht sie ziemlich häufig auf. War wohl auf dem Weg zur Arbeit.

PAUL *(zu Tränen gerührt)*: Ellen. Sehen Sie nur. Meine geliebte Ellen.

Ausblenden.

11. Innen. Nacht. Pauls Wohnung.

PAUL *schreibt rasend schnell auf seinem Notizblock, ganz in die Arbeit vertieft. Hinter ihm sehen wir ein Dutzend Karteikarten mit Nadeln an der Wand befestigt. Die Karten sind mit Schrift bedeckt. Auf einer davon steht: „Die Frau mit braunen Haaren und blauen Augen". Auf einer anderen: „Der Verstand wird Schritt für Schritt dazu verführt, seine eigene Logik zu besiegen". Auf einer dritten: „Denk an Alamo".*

PAUL *steht vom Schreibtisch auf, geht zur Wand rüber, nimmt eine der Karten und geht lesend zum Schreibtisch zurück. Er schreibt sofort weiter.*

Im anderen Zimmer ertönt der Summer der Haussprechanlage. PAUL *arbeitet weiter, er hört nichts. Noch einmal der Summer.* PAUL *legt den Stift hin.*

PAUL *(leise)*: Scheiße. *(Er steht auf, geht ins Nebenzimmer und drückt auf den Sprechknopf)*: Wer ist da?

STIMME AUS DER SPRECHANLAGE: Rashid.

PAUL: Wer?

STIMME AUS DER SPRECHANLAGE: Rashid Cole. Der mit der Limo, schon vergessen?

PAUL: Ach so. *(Nicht sonderlich begeistert.)* Komm rauf. *(Drückt auf den Türöffner.)*

PAUL *geht zur Tür und macht auf, späht in den Flur und wartet auf* RASHID. *Gleich darauf taucht* RASHID *auf – gekleidet wie zuvor, den Rucksack auf der Schulter. Er wirkt verlegen und nervös.*

PAUL: Hab nicht damit gerechnet, dich wieder zu sehen.

RASHID: Ich auch nicht. Aber ich hatte heute ein langes Gespräch mit meinem Steuerberater, wollte wissen, wie so ein Umzug sich steuerlich für mich auswirkt. Und er meinte, das wäre in Ordnung.

PAUL *sieht ihn halb verwirrt, halb neugierig an, antwortet aber nicht.*

RASHID *legt den Rucksack ab und sieht sich in der Wohnung um.*

Dann:

PAUL: Das ist alles. Zwei Zimmer.

RASHID *(sieht sich weiter in seiner neuen Umgebung um)*: Ich hab noch nie ein Haus ohne Fernseher gesehen.

PAUL: Früher hatte ich mal einen. Aber als er vor ein paar Jahren kaputtging, hab ich mir keinen neuen mehr geholt. *(Pause)* Ich will einfach keinen mehr. Ich hasse diese verdammten Kisten.

RASHID: Aber dann können Sie ja nie die Baseballspiele sehen. Und Sie sagten doch, Sie wären ein Mets-Fan.

PAUL: Die hör ich mir im Radio an. Auf diese Weise seh ich die Spiele gut genug. *(Pause)* Die Welt ist im Kopf, weißt du noch?

RASHID *(lächelt. Geht weiter umher. Sieht eine kleine Tuschzeichnung an der Wand über der Stereoanlage: der Kopf eines kleinen Kindes. Er sieht sich das Bild genauer an)*: Schönes Bild. Haben Sie das gemacht?

PAUL: Mein Vater. Ob du's glaubst oder nicht, dieses Baby bin ich.

RASHID *(sieht noch genauer hin. Dann sieht er Paul an, dann wieder das Bild)*: Doch, ich glaub's.

PAUL: Ist aber doch seltsam, oder? Sich selbst zu sehen, wie man aussah, bevor man wusste, wer man ist.

RASHID: Ist Ihr Vater Künstler?

PAUL: Nein, er war Lehrer. Aber er hat gern ein bisschen gemalt.

RASHID: Ist er tot?

PAUL: Vor zwölf, dreizehn Jahren gestorben. *(Pause)* Er ist mit seinem Skizzenblock auf dem Schoß gestorben. An einem Wochenende in den Berkshires, wo er den Mount Greylock zeichnen wollte.

RASHID *(betrachtet das Bild, nickt. Wie zu sich selbst)*: Zeichnen ist 'ne schöne Sache.

PAUL: Tust du das auch? Bilder zeichnen?

RASHID *(lächelt)*: Ja, manchmal. *(Plötzlich leicht verlegen)*: Ich zeichne auch gern mal ein bisschen.

12. Innen. Tag. Pauls Wohnung.

Zwei Stunden später. PAUL *sitzt im Arbeitszimmer am Schreibtisch. Nach einem Moment steht er auf und öffnet die Doppeltür einen Spalt weit. Mit* PAUL *sehen wir* RASHID *an dem Tisch im Hauptzimmer sitzen, den Kopf auf die Arme gelegt. Er schläft. Der Rucksack steht noch immer da, wo er ihn in der vorigen Szene abgestellt hat.*

13. Innen. Tag. Pauls Wohnung.

Acht Uhr morgens. PAUL *sitzt am Esstisch und trinkt Kaffee. Er sieht auf die Uhr, stellt die Tasse ab, geht zur Tür des Arbeitszimmers, öffnet sie und steckt den Kopf hinein. Aufnahme von* RASHID, *der auf dem Boden schläft. Aufnahme vom Schreibtisch mit Schreibmaschine und Notizblock.* PAUL *schließt die Tür, seufzt, geht zurück und gießt sich noch eine Tasse Kaffee ein. Sieht auf die Uhr. Nahaufnahme der Uhr: Überblende von 8:05 auf 8:35.* PAUL *stellt die Tasse ab, steht auf, geht zur Tür des Arbeitszimmers und klopft an.*

PAUL: Zeit zum Aufstehen. *(Wartet, horcht, klopft noch einmal.)* He, Zeit zum Aufstehen. *(Wartet, horcht, klopft noch einmal.)* Rashid! *(Öffnet die Tür.* RASHID *klappt benommen die Augen auf.)* Los steh auf. Ich muss arbeiten. Die Schlummerparty ist zu Ende.

RASHID *(setzt sich auf, reibt sich die Augen)*: Wie viel Uhr ist es?

PAUL: Acht Uhr dreißig.

RASHID *(stöhnt entsetzt, weil's noch so früh ist)*: Halb neun?

PAUL: Saft, Eier und Milch sind im Kühlschrank. Haferflocken im Schrank. Kaffee steht auf dem Herd. Nimm, was du willst. Aber ich muss jetzt da drinnen anfangen.

RASHID *steht verlegen auf. Er hat nur eine Unterhose an. Er rollt den Schlafsack zusammen und schiebt ihn zur Seite. Dann nimmt er seine Sachen und eilt aus dem Zimmer.*

14. Innen. Tag. Pauls Wohnung.

Zwanzig Minuten später. PAUL *sitzt am Schreibtisch und starrt die Schreibmaschine an. Aus dem anderen Zimmer drängt Lärm: das Klappern von Tellern, die in die Spüle gestellt werden.* PAUL *steht auf, geht zur Tür und öffnet sie. Er sieht, wie* RASHID, *der jetzt angezogen ist, das Telefon neben dem Bett nimmt.* RASHIDs *Rucksack ist offen; daneben steht eine braune Papiertüte. Er sieht zu, wie* RASHID *eine Nummer wählt.*

RASHID *(mit gedämpfter Stimme)*: Kann ich bitte Emily Vail sprechen? Ja, danke, ich warte. *(Ein paar Sekunden Stille.* RASHID *spielt mit dem Kopfkissen.)* Tante Em? Hallo, ich bin's. Ich wollte dir nur sagen, mir geht's gut. *(Pause, während er zuhört. Die Reaktion am anderen Ende ist ziemlich heftig.)* Ich weiß, tut mir Leid. *(Pause, während er zuhört.)* Ich wollte nur, dass du dir keine Sorgen machst. *(Pause, während er zuhört. Reagiert zunehmend gereizt auf die Keiferei seiner Tante.)* Reg dich ab, okay? Schrei nicht so. *(Klicken am anderen Ende. Er starrt den Hörer an, dann legt er auf.)*

PAUL *schließt leise die Tür.* RASHID *weiß nicht, dass er beobachtet wurde. Schnitt.* PAULS *Arbeitszimmer. Er setzt sich an den Schreibtisch, denkt kurz nach und beginnt zu tippen.*

15. Innen. Tag. Pauls Wohnung.

Einige Stunden später. Während im anderen Zimmer PAULS *Schreibmaschine klappert, sehen wir* RASHID *auf einem Stuhl vor dem großen Bücherregal, wie er die braune Papiertüte hinter den Büchern auf einem der oberen Bretter versteckt.*

16. Innen. Nacht. Pauls Wohnung.

RASHID *schläft in* PAULS *Bett, neben ihm auf dem Bett liegt aufgeschlagen und halb gelesen eins von* PAULS *Büchern: „Die geheimnisvollen Barrikaden", von Paul Benjamin. Schnitt.* PAUL *schläft auf dem Boden seines Arbeitszimmers.*

17. Innen. Tag. Pauls Wohnung.

PAUL *sitzt am Schreibtisch und tippt. Karteikarten an der Wand.* PAUL *hört nebenan ein lautes Krachen. Er springt verzweifelt vom Schreibtisch auf, geht zur Tür und öffnet sie. Im anderen Zimmer steht* RASHID *und sieht auf die zerschlagenen Teller hinunter.*

PAUL *(gereizt)*: Mann, du machst vielleicht einen Lärm. Siehst du nicht, dass ich zu tun habe?

RASHID *(beschämt)*: Entschuldigung. Ich … die sind mir einfach aus der Hand gefallen.

PAUL: Ein bisschen weniger Tölpelhaftigkeit könnte nichts schaden.

RASHID *(versucht sich zu rechtfertigen)*: Ich bin doch fast noch ein Kind. Kinder sind nun mal tölpelhaft. Weil wir noch am Wachsen sind. Wir wissen noch nicht, wo unser Körper aufhört und wo die Welt anfängt.

PAUL: Die Welt wird ziemlich bald aufhören, wenn du nicht schnell was lernst. *(Pause.* PAUL *nimmt seine Brieftasche und zieht einen 20-Dollar-Schein heraus.)* Willst du dich nicht ein wenig nützlich machen? Mir sind gerade die Zigarillos ausgegangen. Geh um die Ecke zur Brooklyn Cigar

Company und kauf mir zwei Dosen Schimmelpennincks Medias. *(Gibt* RASHID *das Geld.)*

RASHID *(nimmt das Geld)*: Zwanzig Dollar, das ist viel Geld. Sind Sie sicher, dass Sie mir das anvertrauen können? Haben Sie keine Angst, dass ich damit abhauen könnte?

PAUL: Wenn du damit abhauen willst, bitte sehr. Dann müsste ich mir wenigstens nicht mehr deinen Lärm anhören. *(Pause)* Das könnte die Sache wert sein.

RASHID *offenkundig verletzt von* PAULS *Bemerkung, steckt das Geld ein. Diesmal findet er keine schlagfertige Antwort.*

RASHID *verlässt die Wohnung.* PAUL *sieht die Tür zuschlagen. Kleine Pause, dann bückt er sich und sammelt die Scherben auf.*

18. Innen. Tag. Pauls Wohnung.

Das Arbeitszimmer. Wenige Minuten später. PAUL *geht an den Schreibtisch zurück und beginnt zu tippen. Und prompt verheddert sich das Farbband. Er stöhnt, klappt die Maschine auf und sieht sich den Schaden an.*

19. Außen. Tag. Die Brooklyn Cigar Company, von der anderen Straßenseite.

Acht Uhr morgens. AUGGIE *steht an der Ecke und bereitet sein tägliches Foto vor. Schnitt. Die Ecke aus dem Blickwinkel von Auggies Kamera. Leute hasten auf dem Weg zur Arbeit. Autos, Busse, Lieferwagen. Wir hören das Klicken des Auslösers. Das Bild erstarrt.*

20. Innen. Tag. Pauls Wohnung.

Das Arbeitszimmer. PAUL *sitzt am Schreibtisch und schreibt. Lautes Krachen aus dem anderen Zimmer. Er zuckt auf seinem Stuhl zusammen.*

PAUL *(stöhnt)*: Scheiße.

Er steht auf, geht zur Tür, macht sie auf. RASHID *balanciert auf der Lehne eines Sessels und tastet mit der rechten Hand hinter den Büchern auf dem höchsten Regalbrett herum. Mehrere Bücher sind bereits auf den Boden gefallen.*

PAUL: Herrgott. Bist du schon wieder dabei?

Als er PAULS *Stimme hört, dreht* RASHID *sich um und droht das Gleichgewicht zu verlieren. Er klammert sich an das Regal, um nicht herunterzufallen, und weitere Bücher purzeln zu Boden. Einen Augenblick später landet auch* RASHID *auf dem Fußboden.*

PAUL: Was ist bloß los mit dir? Du bist ein Sprengsatz auf zwei Beinen.

RASHID *(rappelt sich auf. Beschämt)*: Entschuldigung. Wirklich … Ich wollte mir nur eins von den Büchern da oben holen. *(Zeigt)* Und dann ist mir irgendwie schwindlig geworden.

PAUL *(immer gereizter)*: Es geht einfach nicht so. Zweieinhalb Jahre lang kann ich kein Wort schreiben, und wenn ich endlich wieder mit was anfange, wenn es aussieht, als ob ich endlich wieder ins Leben zurückfinden könnte, musst du hier aufkreuzen und alles in meinem Haus kaputtschlagen. Das geht einfach nicht.

RASHID *(verletzt, leise)*: Ich habe mich Ihnen nicht aufgedrängt. Sie haben mich eingeladen. *(Pause)* Wenn ich gehen soll, müssen Sie's nur sagen.

PAUL: Wie lange bist du schon hier?

RASHID: Drei Nächte.

PAUL: Und was hab ich gesagt, wie lange du bleiben kannst?

RASHID: Zwei oder drei Nächte.

PAUL: Dann ist die Zeit ja wohl abgelaufen.

RASHID *(blickt zu Boden)*: Tut mir Leid, das Durcheinander. Sie waren so nett zu mir. *(Geht zum Bett, nimmt den Rucksack und stopft seine Sachen hinein.)* Aber alles geht mal zu Ende, wie?

PAUL: Nichts für ungut, okay? Die Wohnung ist klein, und wenn du hier rumhängst, kann ich nicht arbeiten.

RASHID: Sie brauchen sich nicht zu entschuldigen. *(Pause)* Wahrscheinlich ist die Luft jetzt sowieso rein.

PAUL *(milder gestimmt)*: Kommst du auch wirklich zurecht?

RASHID: Aber klar. Die Welt ist meine Auster. *(Pause)* Was auch immer das heißen mag. *(Er sieht an dem Bücherregal hoch, dorthin, wo er die Tüte versteckt hat, und beschließt, sie dort zu lassen.)*

PAUL: Brauchst du noch was Geld? Noch ein paar Klamotten?

RASHID: Nein, überhaupt nichts. Alles klar. *(Schwingt sich den Rucksack auf die Schulter, geht zur Tür.)*

PAUL *(ein wenig verblüfft durch Rashids Entschlossenheit)*: Pass gut auf dich auf, okay?

RASHID: Sie auch. Und wenn Sie das nächste Mal über die Straße wollen, warten Sie auf Grün. *(Drückt die Klinke, öffnet die Tür, zögert, dreht sich um.)* Ach, übrigens, Ihr Buch hat mir gefallen. Ich glaub, Sie sind ein verdammt guter Schriftsteller. *(Ohne auf eine Antwort zu warten, macht er die Tür noch einmal auf und geht.)*

Wir sehen PAUL *allein mitten im Zimmer stehen. Er tritt ans Fenster und sieht hinaus. Aufnahme von der Straße unten. Nach drei bis vier Sekunden kommt Rashid aus dem Haus. Ohne sich umzusehen, marschiert er los. Schnitt.* PAUL *steht am Fenster und steckt sich einen Zigarillo an. Schnitt zurück auf die Straße.* RASHID *ist verschwunden. Einen Augenblick darauf kommt ein Blinder um die Ecke und tappt mit seinem weißen Stock auf den Bürgersteig.*

21. Innen. Nacht. Auggies Wohnung.

Die Fenster stehen offen, man hört Verkehrslärm von der Straße.
AUGGIE *allein, Jazz vom Tonband hörend. Er nimmt ein Fertiggericht aus dem Backofen, setzt sich an den Küchentisch und beginnt zu essen. Ausblenden.*
AUGGIE *hat aufgegessen und schenkt sich einen Bourbon ein. Er kippt ihn runter, leckt sich die Lippen und atmet laut aus. Starrt kurz mit leerem Blick vor sich hin. Dann greift er nach einer Taschenbuchausgabe von „Schuld und Sühne" auf dem Tisch. Er schlägt das Buch auf und zündet sich eine Zigarette an. Nach ein paar Zügen beginnt er zu husten: ein tiefer, rasselnder, lang gezogener Raucherhusten. Er klopft sich an die Brust. Das hilft nicht. Er steht auf und hämmert mit den Fäusten auf den Tisch, wobei er immer weiterhustet. Er taumelt in der Küche herum und stößt Flüche aus. In seiner Wut fegt er alles vom Tisch runter: Glas, Flasche, Buch, Essensreste. Der Husten lässt nach, geht dann wieder los. Er klammert sich an die Spüle und erbricht sich ins Becken.*

22. Innen. Tag. Pauls Wohnung.

Das große Zimmer. Man hört PAUL *tippen. Von der Eingangstür kommt ein lautes Klopfen. Schnitt. Paul öffnet die Tür.* RASHIDS TANTE EM *steht im Flur: eine Schwarze, um die Vierzig, gekleidet wie eine Büroangestellte.*
TANTE EM *(wütend)*: Heißen Sie Paul Benjamin?
PAUL *(erschrocken)*: Was kann ich für Sie tun?
TANTE EM *(drängt sich in die Wohnung)*: Ich will nur wissen, was Sie für Spiele treiben, Mister.
PAUL *(entsetzt; sieht ihr zu, wie sie im Zimmer herumläuft)*: Wie sind Sie überhaupt ins Haus gekommen?
TANTE EM: Wie, wie ich ins Haus gekommen bin? Ich habe die Tür aufgedrückt und bin reingegangen. Was dachten Sie denn?
PAUL (vor sich hin murmelnd): Das verdammte Schloss ist schon wieder kaputt. *(Pause, während er* TANTE EMS *finsteren Blick erwidert. Lauter.)* Und was treiben Sie hier für ein Spiel? Sie können doch nicht einfach bei fremden Leuten reinplatzen?
TANTE EM: Ich suche meine Neffen. Thomas.
PAUL: Thomas? Wer ist Thomas?
TANTE EM: Kommen Sie mir nicht so. Ich weiß, dass er hier war. Mich legen Sie nicht rein, Mister.
PAUL: Aber ich kenne keinen, der Thomas heißt.
TANTE EM: Thomas Cole. Thomas Jefferson Cole. Mein Neffe.
PAUL: Sie meinen Rashid?
TANTE EM: Rashid? Rashid! Er hat gesagt, er heißt Rashid?

PAUL: Ist ja auch egal, wie er heißt. Er ist nicht mehr hier. Er ist vor zwei Tagen gegangen und seitdem habe ich nichts mehr von ihm gehört.

TANTE EM: Was wollte er denn hier überhaupt? Das möchte ich mal wissen. Warum lässt sich ein Mann wie Sie mit einem Jungen wie Thomas ein? Sind Sie pervers oder was?

PAUL *(verliert die Geduld)*: Jetzt reicht es aber. Wenn Sie sich nicht einkriegen, werf ich Sie raus. Haben Sie gehört? Auf der Stelle!

TANTE EM *(reißt sich zusammen)*: Ich will nur wissen, wo er ist.

PAUL: Soweit ich weiß, ist er zu seinen Eltern zurück.

TANTE EM*(ungläubig)*: Zu seinen Eltern? Hat er Ihnen das erzählt? Zu seinen Eltern?

PAUL: Hat er gesagt. Er hat mir erzählt, er lebt bei seinen Eltern in der East 74th Street.

TANTE EM *(kopfschüttelnd)*: Der Junge hatte ja schon immer viel Fantasie, aber jetzt hat er sich ein ganzes Leben neu erfunden. *(Pause)* Was dagegen, wenn ich mich setze? *(Paul zeigt auf einen Stuhl; sie setzt sich.)* Er lebt bei mir und seinem Onkel Henry, seit er ein Baby war. Und wir wohnen nicht in Manhattan. Sondern in Boerum Hill. In der Neubausiedlung.

PAUL: Er geht nicht auf die Trinity School?

TANTE EM: Er geht auf die John Jay High School in Brooklyn.

PAUL *(zeigt sich besorgt)*: Und seine Eltern?

TANTE EM: Seine Mutter ist tot und sein Vater hat er seit zwölf Jahren nicht mehr gesehen.

PAUL *(leise, fast wie zu sich selbst)*: Ich hätte ihn nicht fortschicken sollen.

TANTE EM *(mustert PAUL)*: Das bringt mich auf meine ursprüngliche Frage zurück. Was hat er überhaupt hier gemacht?

PAUL: Ich wäre fast von einem Auto überfahren worden; Ihr Neffe hat mich zurückgezogen. Er hat mir das Leben gerettet. *(Pause)* Ich hatte das Gefühl, er sei in Schwierigkeiten, also habe ich ihm angeboten, ihn für ein paar Tage aufzunehmen. Vielleicht hätte ich ihm noch etwas mehr zusetzen sollen. Jetzt komme ich mir ziemlich blöd vor.

TANTE EM: Er ist in Schwierigkeiten, das stimmt. Aber ich habe keine Ahnung, worum es geht.

PAUL*(setzt sich stöhnend auf einen Stuhl und denkt kurz nach. Dreht sich zu TANTE EM herum)*: Möchten Sie etwas trinken? Ein Bier? Ein Glas Wasser?

TANTE EM *(geziert)*: Nein, vielen Dank.

PAUL *(versinkt wieder in Gedanken. Dann)*: Ist da in letzter Zeit irgendwas vorgefallen? Irgendwas Ungewöhnliches oder Unerwartetes?

TANTE EM *(denkt nach)*: Ja, etwas schon, aber ich glaube nicht, dass es damit zu tun hat. *(Pause)* Eine Freundin von mir hat vor zwei Wochen Thomas' Vater gesehen, an einer Tankstelle irgendwo bei Peekskill, dort hat er gearbeitet.

PAUL: Und Sie haben Ihrem Neffen davon erzählt?

TANTE EM *(achselzuckend)*: Ich fand, er hatte ein Recht, das zu wissen.

PAUL: Und?

TANTE EM: Nichts und. Thomas hat mir in die Augen gesehen und gesagt: „Ich habe keinen Vater. Für mich ist dieser Mistkerl tot."

PAUL: Das klingt ja ziemlich feindselig.

Die Kamera fährt langsam auf Tante Ems Gesicht zu, während sie spricht:

TANTE EM: Sein Vater hat seine Mutter wenige Monate nach der Geburt verlassen. Louisa war Henrys jüngere Schwester und sie und das Kind sind bei uns eingezogen. Nach vier, fünf Jahren taucht plötzlich Cyrus bei uns auf, so klein mit Hut, und will die Sache mit Louisa wieder klären. Ich dachte schon, Henry würde Cyrus in Stücke reißen, als er ihn zur Tür reinkommen sah. Die sind beide ziemlich stark, und wenn sie mal aneinander geraten würden, da würden aber die Zähne fliegen! Jedenfalls hat Cyrus Louisa überredet, mit ihm rauszugehen und in aller Ruhe über die Sache zu reden. Und die Ärmste ist nicht mehr zurückgekommen.

PAUL *(im Off)*: Sie ist also einfach mit ihm weggegangen und hat den Kleinen zurückgelassen?

TANTE EM: Das haben Sie gesagt. Ich sage, dass sie in Cyrus' Wagen eingestiegen und mit ihm auf einen Drink zur Five-Spot Lounge gefahren ist. Ich sage, dass er dort zu viel Alkoholisches zu sich genommen hat und dann nicht mehr fahren konnte. Er hat sich aber trotzdem ans Steuer gesetzt, und bevor er sie uns zurückbringen konnte, ist der Idiot über eine rote Ampel gefahren, mitten in einen Lastwagen rein. Louisa wurde durch die Windschutzscheibe geschleudert und war sofort tot. Cyrus hat überlebt, aber nur als Krüppel. Sein linker Arm war so übel zugerichtet, dass man ihn amputieren musste. Geringfügige Strafe für das, was er getan hat, wenn Sie mich fragen.

PAUL *(im Off)*: O Gott.

TANTE EM: Gott hatte nichts damit zu tun. Wenn der dabei gewesen wäre, hätte er dafür gesorgt, dass es andersrum gelaufen wäre.

PAUL *(im Off)*: Es ist bestimmt nicht leicht für ihn. Jahrelang mit dieser Sache auf dem Gewissen herumzulaufen.

TANTE EM: Ja, das glaube ich auch. Er war völlig am Ende, als er im Krankenhaus erfuhr, dass Louisa gestorben war.

PAUL *(im Off)*: Und er hat nie versucht, Kontakt zu seinem Sohn aufzunehmen?

TANTE EM: Henry hat Cyrus gesagt, er würde ihn umbringen, falls er sich noch jemals bei uns blicken lässt. Und wenn Henry eine solche Drohung ausstößt, nehmen die meisten Leute ihn ziemlich ernst.

Paul und TANTE EM *sehen sich an. Schnitt. Die Spüle in der Küche. Aus dem Hahn tropft Wasser. Zwei bis drei Sekunden.*

23. Außen. Tag. Eine Landstraße bei Peekskill.

Früh am Morgen. Bäume, Sträucher, Vogelgezwitscher. RASHID *trottet die Straße entlang. Überblenden auf:*
Dieselbe Straße, eine Meile weiter. RASHID *blickt auf. Schnitt.*

24. Außen. Tag. Coles Tankstelle.

Die Tankstelle ist ein baufälliges zweistöckiges Gebäude. Über dem Eingang hängt ein plump bemaltes Schild mit der Aufschrift: COLES TANKSTELLE. *Vorne stehen zwei Chevron-Zapfsäulen. Unkraut wuchert aus dem Asphalt. Neben der Tankstelle eine Wiese mit einem verwitterten Picknicktisch.*
Die Doppeltür der Werkstatt steht offen. Drinnen sieht man einen Mann am Motor eines alten Chevrolet arbeiten. Die Motorhaube ist hochgeklappt und verdeckt das Gesicht des Mannes, aber man sieht, dass er einen Overall trägt und dass er ein Schwarzer ist.
Er ist groß und stämmig, etwa vierzig. Als er hinter der Motorhaube auf-taucht, sieht man, dass ihm die linke Hand fehlt. Aus dem Ärmel ragt ein Me-tallhaken.
Der Mann ist RASHIDs *Vater,* CYRUS COLE.

25. Außen. Tag. Am Rand der Landstraße, gegenüber von Coles Tankstelle.

RASHID *sitzt reglos auf der Motorhaube eines rostigen Wagens gegenüber der Tankstelle. Er hält die Knie mit den Armen umklammert und blickt gespannt in die Kamera. Drei bis vier Sekunden.*

26. Innen. Tag. Coles Tankstelle.

Etwas später. CYRUS, *noch immer mit dem Chevrolet beschäftigt, blickt auf und sieht* RASHID *auf der anderen Straßenseite. Er betrachtet ihn kurz und macht sich wieder an die Arbeit.*

27. Außen. Tag. Am Rand der Landstraße, gegenüber von Coles Tankstelle.

Eine Stunde später. RASHID *sitzt noch immer auf der Motorhaube. Diesmal hat er seinen Skizzenblock auf den Knien und fertigt eine Bleistiftzeichnung von der Tankstelle an.*

28. Außen. Tag. Vor Coles Tankstelle.

Eine Stunde später. CYRUS *kommt mit einer braunen Papiertüte aus der Werkstatt. Er geht damit zum Picknicktisch, setzt sich und nimmt sein Mittagessen aus der Tüte: ein Schinkensandwich, einen Apfel, eine Dose Eistee. Beim Essen und Trinken beobachtet er* RASHID *auf der anderen Straßenseite. Gelegentlich fährt ein Wagen vorbei.*

Die Kamera wechselt zwischen RASHID *und* CYRUS *hin und her.* RASHID, *auf seine Zeichnung konzentriert, tut so, als merke er nicht, dass er beobachtet wird.*

Schließlich hat CYRUS *aufgegessen. Er knüllt die Papiertüte zusammen, steht auf und wirft den Abfall in eine rostige Mülltonne neben dem Picknicktisch. Anstatt wieder an die Arbeit zu gehen, überquert er die Straße.*

29. Außen. Tag. Am Rand der Landstraße, gegenüber von Coles Tankstelle.

Als CYRUS *auf ihn zukommt, blickt* RASHID *auf und sieht den Mann zum ersten Mal offen an. Ehe* CYRUS *nahe genug ist, um die Zeichnung sehen zu können, klappt* RASHID *den Skizzenblock zu und drückt ihn sich an die Brust. Er macht keine Anstalten aufzustehen.*

CYRUS: Willst du den ganzen Tag hier sitzen?

RASHID: Keine Ahnung. Hab mich noch nicht entschieden.

CYRUS: Warum suchst du dir nicht 'ne andere Stelle? Ist ja richtig unheimlich, wenn man den ganzen Vormittag lang so angeglotzt wird.

RASHID: Wir sind in einem freien Land. Solange ich Ihr Grundstück nicht betrete, kann ich hier ewig sitzen bleiben.

CYRUS *(geht auf ihn zu.* RASHID *springt von der Motorhaube)*: Ich will dir einen guten Tipp geben, Kleiner. In meiner Kasse da drüben *(zeigt in Richtung Tankstelle über die Straße)* hab ich genau zwei Dollar und fünfundsiebzig Cents, und so lange, wie du jetzt hier schon die Lage ausbaldowerst, läuft das für dich auf einen Stundenverdienst von ungefähr fünfzig Cents hinaus. Das ist auf alle Fälle ein mieses Geschäft.

RASHID: Ich will Sie nicht ausrauben, Mister. *(Amüsiert)* Seh ich aus wie ein Dieb?

CYRUS: Mir egal, wie du aussiehst, Junge. Jedenfalls bist du letzte Nacht hier wie ein Pilz aus dem Boden gewachsen. *(Pause. Sieht sich* RASHID *genauer an.)* Wohnst du hier – oder bist nur auf der Durchreise?

RASHID: Auf der Durchreise.

CYRUS: Auf der Durchreise. Ein einsamer Wanderer mit Rucksack, lässt sich an meiner Tankstelle nieder, um die Aussicht zu bewundern. Falls du's nicht weißt, es gibt bessere Gegenden, wo man rumhängen kann, Junge. Hier machst du dich nur unbeliebt.

RASHID: Ich arbeite an einer Zeichnung. Ihre Tankstelle ist so schön runtergekommen, sieht irgendwie interessant aus.

CYRUS: Runtergekommen, ja. Aber wenn man sie malt, wird sie auch nicht besser. *(Schielt nach dem Skizzenblock, den* RASHID *noch immer an die Brust drückt.)* Zeig doch mal, was du gemalt hast, Rembrandt.

RASHID *(überlegt schnell)*: Das kostet fünf Dollar.

CYRUS: Fünf Dollar! Nur damit ich mal 'n Blick drauf werfen kann?

RASHID: Wenn Sie's sehen, werden Sie's kaufen wollen. Mit Sicherheit. Und der Kaufpreis ist fünf Dollar. Wenn Ihnen das zu teuer ist, brauchen Sie's also gar nicht erst anzusehen. Sie ärgern sich sonst nur schwarz.

CYRUS *(kopfschüttelnd)*: Saftsack! Du hältst dich für ganz schön schlau, was?

RASHID *(achselzuckend)*: Ich sag nur, wie's ist, Mister. *(Pause)* Aber wenn ich Ihnen auf die Nerven gehe, geben Sie mir doch Arbeit.

CYRUS *(ärgerlich)*: Hast du Augen im Kopf oder sind diese braunen Dinger da neben deiner Nase bloß Murmeln? Du sitzt schon den ganzen Tag hier und wie viele Autos hast du bei mir tanken sehen?

RASHID: Kein einziges.

CYRUS: Kein einziges. Den ganzen Tag kein einziger Kunde. Ich hab dieses Drecksloch vor drei Wochen gekauft, und wenn der Laden nicht bald zu laufen anfängt, hau ich hier wieder ab. Wozu sollte ich dir Arbeit geben? Ich kann ja nicht mal meinen eigenen Lohn bezahlen.

RASHID: Ich dachte ja nur.

CYRUS: Denken kannst du auch woanders, Michelangelo. Ich hab zu tun.

CYRUS *wendet sich ab und geht kopfschüttelnd über die Straße. Auf halbem Weg bleibt er plötzlich stehen, dreht sich um und ruft zurück*:

CYRUS: Für wen hältst du mich eigentlich, bin ich vielleicht das Arbeitsamt?

30. Außen. Tag. Am Rand der Landstraße, gegenüber von Coles Tankstelle.

Eine halbe Stunde später. RASHID *sitzt auf der Motorhaube, wie zuvor. Diesmal verspeist er ein Sandwich, gemächlich kauend blickt er vor sich hin.*

31. Innen. Tag. Coles Tankstelle.

CYRUS *bei der Arbeit an dem Chevrolet. Gelegentlich blickt er auf und sieht zu Rashid hinüber.*

CYRUS *beendet die Arbeit und knallt die Motorhaube des Chevrolet zu. Harter Schnitt nach*:

32. Außen. Tag. Am Rand der Landstraße, gegenüber von Coles Tankstelle.

CYRUS *kommt ins Bild und schwingt sich neben Rashid auf die Motorhaube. Langes Schweigen.*

CYRUS *(versucht freundlich zu sein)*: Ich sag dir was. Wenn du arbeiten willst, ich hab da was für dich. Nichts Dauerhaftes, aber das Zimmer da oben *(dreht sich um und zeigt)* – das über dem Büro – sieht aus wie 'ne Müllkippe. Als ob man da jahrelang jeden Mist reingestopft hätte. Müsste endlich mal ausgeräumt werden.

RASHID *(betont sachlich)*: Was zahlen Sie?

CYRUS: Fünf Dollar die Stunde. Ist doch nicht schlecht, oder? *(Sieht auf die Armbanduhr.)* Es ist jetzt Viertel nach zwei. Um halb sechs holt meine Frau mich ab, du hast also ungefähr drei Stunden. Wenn du heute nicht fertig wirst, kannst du den Rest morgen machen.

RASHID *(springt von der Haube)*: Und was ist mit Sozialleistungen oder betrachten Sie mich als freien Mitarbeiter?

CYRUS: Sozialleistungen?

RASHID: Na ja, Krankenversicherung, bezahlter Urlaub und so weiter. Man lässt sich nicht gern ausbeuten. Arbeiter müssen für ihre Rechte kämpfen.

CYRUS: Freier Mitarbeiter. Was anderes kommt leider nicht in Frage.

RASHID *(schweigt lange, scheint darüber nachzudenken)*: Fünf Dollar die Stunde? *(Pause)* Abgemacht.

CYRUS *(lächelt matt. Hält ihm die rechte Hand hin)*: Ich heiße übrigens Cyrus Cole.

RASHID: Und ich heiße Paul. Paul Benjamin.

Sie schütteln sich die Hände.

33. Innen. Tag. Die Brooklyn Cigar Company.

Leerlauf in der Mitte des Nachmittags. AUGGIE *sitzt auf einem Hocker hinter dem Ladentisch und liest in seiner Taschenbuchausgabe von „Schuld und Sühne".* JIMMY ROSE *arbeitet schweigend an der Wand gegenüber dem Ladentisch, wo er sorgfältig, aber unbeholfen die Zeitschriften und Zeitungen arrangiert.*

Die Ladenglocke geht. JIMMY *unterbricht seine Tätigkeit und blickt zum Ladentisch. Man sieht aus* JIMMYS *Blickwinkel eine Frau in den Laden treten:* RUBY MCNUTT (AUGGIES *alte Flamme). Mitte Vierzig, ärmelloses Sommerkleid; auf ihrem Gesicht zeigen sich gleichzeitig Angst, Entschlossenheit und Befangenheit. Sie trägt eine schwarze Klappe über dem rechten Auge.*

JIMMY *betrachtet staunend die Augenklappe.* RUBY *blickt zum Ladentisch.* AUGGIE *sitzt dahinter, in das Buch vertieft, er blickt nicht auf. Nahaufnahme von*

RUBYS *Gesicht: Sie sieht Auggie an. Ihre Lippen beben. Sie ist offensichtlich bewegt, traut sich aber nicht, etwas zu sagen. Während die Kamera auf* RUBYS *Gesicht verharrt, hört man:*

JIMMY *(im Off)*: Auggie. *(Keine Reaktion. Pause.)* Auggie, ich glaube, da ist jemand gekommen.

Nahaufnahme von AUGGIE, *der von seinem Buch aufblickt. Sein Gesichtsausdruck ändert sich von Gleichgültigkeit zu Erkennen und Verblüffung.*

Nahaufnahme von RUBY, *die ihn ansieht. Sie lächelt zögernd. Während sie reden, werden sie von* JIMMY *mit gespannter Aufmerksamkeit beobachtet.*

RUBY: Auggie?

Nahaufnahme von AUGGIES *Gesicht: Er bringt vor Verblüffung noch immer kein Wort heraus.*

RUBY: Bist du das, Auggie, bist du's wirklich?

AUGGIE *(endlich)*: Gott, Ruby, wie lange ist das her. Ich dachte, du wärst tot.

RUBY: Achtzehneinhalb Jahre.

AUGGIE: Mehr nicht? Ich hätte auf 300 getippt.

RUBY *(schüchtern, zögernd)*: Gut siehst du aus, Auggie.

AUGGIE: Von wegen. Ich seh furchtbar aus. Und du auch, Ruby. Einfach grauenhaft. *(Pause; dann zunehmend verbittert)*: Wieso trägst du diese Augenklappe? Wo hast du dein schönes blaues Auge gelassen – für 'ne Flasche Gin verhökert?

RUBY *(verletzt, verlegen)*: Darüber will ich nicht reden. *(Pause)* Wenn du's unbedingt wissen willst, ich hab's verloren. Und ich bedaure es nicht. Dieses Auge war verflucht, Auggie, hat mir immer nur Kummer gemacht.

AUGGIE: Und du meinst, es sieht besser aus, wenn du als Pirat durch die Gegend läufst?

RUBY *(mit leiser Stimme, versucht Fassung und Würde zu bewahren)*: Du warst schon immer ein Scheißkerl. Eine kleine Ratte mit einem großen Schandmaul.

AUGGIE: Wenigstens bin ich mir selbst treu geblieben. Was ich von gewissen Leuten nicht behaupten kann.

RUBY *(versucht auch dies abzuschütteln; holt tief Luft)*: Ich hab was mit dir zu besprechen und du könntest mir wenigstens zuhören. Das bist du mir schuldig. Ich bin extra aus Pittsburgh gekommen, und ich werde erst wieder gehen, wenn du mich angehört hast.

AUGGIE: In Ordnung. Sprich dich aus, Frau meiner Träume. Ich bin ganz Ohr.

RUBY *(sieht sich im Laden um; erblickt* JIMMY, *der sie betrachtet)*: Das ist was Privates, Auggie. Nur zwischen uns beiden.

AUGGIE *(zu* JIMMY, *ungewöhnlich gereizt)*: Du hast es gehört, Hilfszwerg. Die Dame und ich haben eine private Sache zu besprechen. Geh raus und stell dich vor die Tür. Wenn jemand reinkommen will, sag ihm, wir hätten geschlossen. Kapiert?

JIMMY: Klar, Auggie, kapiert. *(Pause)* Wir haben geschlossen. *(Pause. Denkt nach.)* Und wann sag ich, wir haben wieder auf?

AUGGIE *(bissig)*: Wenn ich's dir sage. Wir haben wieder auf, wenn ich's dir sage!

JIMMY *(verletzt)*: Okay, Auggie, hab's ja kapiert. Du brauchst nicht zu schreien.

Jimmy geht hinaus und postiert sich vor der Tür.

AUGGIE *(zündet sich eine Zigarette an und sieht* RUBY *scharf an)*: Also, Süße, was hast du auf dem Herzen?

RUBY *(Pause; befangen)*: Sieh mich nicht so an, Auggie. Du machst mir Angst.

AUGGIE: Wieso das denn?

RUBY: Weil du mich so ansiehst. Ich will dich ja nicht fressen. *(Pause)* Ich brauche deine Hilfe, und wenn du mich weiter so anstarrst, fang ich gleich zu schreien an.

AUGGIE *(leicht sarkastisch)*: Hilfe, ach ja? Und diese Hilfe hat nicht zufällig was mit Geld zu tun?

RUBY: Hetz mich nicht. Du weißt schon alles, bevor ich den Mund aufmache. *(Pause)* Außerdem geht es nicht um mich. *(Pause. Merkt, dass sie die Katze aus dem Sack gelassen hat. Zunehmend verzweifelt.)* Es geht um unsere Tochter.

AUGGIE *(schockiert, leicht gereizt)*: Unsere Tochter? Hab ich richtig gehört? *Unsere Tochter?* Also es kann ja sein, dass du eine Tochter hast, aber ich hab bestimmt keine. Und selbst wenn ich eine hätte – ich hab aber keine –, wäre sie nicht *unsere* Tochter.

RUBY: Sie heißt Felicity und ist gerade achtzehn geworden. *(Pause)* Voriges Jahr ist sie aus Pittsburgh weggelaufen und jetzt lebt sie hier in Brooklyn in irgendeinem Drecksloch mit einem Kerl namens Chico zusammen. Voll gepumpt mit Crack, im vierten Monat schwanger. *(Pause)* Ich darf gar nicht an das Baby denken. Unser Enkelkind, Auggie. Stell dir vor, unser Enkelkind.

AUGGIE *(winkt ungeduldig ab)*: Lass den Quatsch. Hör sofort auf damit. *Pause. Wechselt das Thema. Verächtlich*: War das deine Idee, sie Felicity zu nennen?

RUBY: Das bedeutet „Glück".

AUGGIE: Das weiß ich auch. Trotzdem kein guter Name.

RUBY: Ich weiß nicht, an wen ich mich sonst wenden soll.

AUGGIE: Du hast mich schon mal für dumm verkauft, weißt du noch? Warum sollte ich dir jetzt glauben?

RUBY: Warum sollte ich dich anlügen, Auggie? Meinst du, es ist mir leicht gefallen, hierher zu kommen? Das hab ich nur getan, weil es keine andere Möglichkeit gab.

AUGGIE: Das hast du damals auch gesagt, als ich diese Halskette für dich geklaut habe. Weißt du noch? Der Richter hat mich vor die Wahl gestellt: entweder in den Knast gehen oder Soldat werden. Anstatt also aufs College zu gehen, lande ich für vier Jahre bei der Navy, ich sehe Männer Arme und Beine verlieren und werd beinahe selber ausgepustet, und du, meine Liebe, musst natürlich gleich dieses Arschloch Bill heiraten.

RUBY: Du hast mir ein Jahr lang nicht geschrieben. Was hätte ich denn denken sollen?

AUGGIE: Denken? Ich hatte meinen Kuli verloren. Und als ich einen neuen hatte, war mir das Papier ausgegangen.

RUBY: Die Sache mit Bill war schon aus, bevor du nach Hause gekommen bist. Vielleicht erinnerst du dich jetzt nicht mehr dran, aber damals warst du ganz schön heiß darauf, mich wieder zu sehen.

AUGGIE: Du warst damals auch nicht grade lauwarm. Jedenfalls am Anfang.

RUBY: Hat sich eben abgekühlt. So geht das nun mal. Aber es war doch eine schöne Zeit, oder?

AUGGIE: Für ein paar Augenblicke, das geb ich zu. Der Ewigkeit ein, zwei Sekunden entrissen.

RUBY: Und in einer dieser Sekunden ist Felicity gekommen.

AUGGIE: Du willst mich reinlegen. Ich hab kein Kind zu verantworten.

RUBY: Was glaubst du wohl, warum ich Frank geheiratet habe? Ich war schwanger und mir blieb nicht mehr viel Zeit. Sag, was du willst, aber immerhin hat er meinem Kind einen Namen gegeben.

AUGGIE: Der gute alte Frank. Und was treibt der Geldsack heute so?

RUBY: Woher soll ich das wissen? *(Achselzuckend)*: Ist vor fünfzehn Jahren von der Bildfläche verschwunden.

AUGGIE: Vor fünfzehn Jahren? *(Kopfschüttelnd)*: Kann ich nicht glauben. Keine Mutter wartet fünfzehn Jahre, bis sie einem sagt, dass er der Vater ihres Kindes ist.

RUBY *(mit bebenden Lippen; aus ihrem einen Auge strömen Tränen)*: Ich dachte, ich würde damit fertig werden. Ich wollte dich in Ruhe lassen. Ich dachte, ich schaff das alleine, aber es ging nicht. Es geht ihr wirklich dreckig, Auggie.

AUGGIE: Ehrenwerter Versuch, altes Mädchen. Ich würde dir ja gerne helfen, schon wegen früher. Aber ich hab mein ganzes Geld in ein Geschäft gesteckt, und das hat noch keinen Gewinn abgeworfen. Zu dumm. Sehr ungünstiger Augenblick für dich.

RUBY *(immer noch weinend)*: Du bist ein kaltherziger Schuft, Auggie. Wie kannst du nur so gemein sein?

AUGGIE: Ich weiß, du denkst, ich lüge. Tu ich aber nicht. Das war die reine Wahrheit.

Pause. Dann Schnitt auf den Ladeneingang. Die Tür springt plötzlich auf, ein wütender Kunde drängt sich an JIMMY *vorbei.* JIMMY *versucht vergeblich, ihn zurückzuhalten.*

AUGGIE *(außer sich, schreit den Kunden an)*: Wir haben geschlossen! Haben Sie nicht gehört, was der Junge Ihnen gesagt hat? Wir haben geschlossen!

34. Innen. Tag. Coles Tankstelle. Das Zimmer über dem Büro.

RASHID *fleißig bei der Arbeit. Das Zimmer ist ein Saustall, voll gestopft mit Unrat aller Art: rostige Fahrräder, Lumpen, Autoersatzteile, eine Schaufensterpuppe, kaputte Radios, Duschvorhänge usw. Einen nach dem anderen schleift oder trägt* Rashid *diese Gegenstände zur Tür. Unter einem Teppich entdeckt er einen kleinen, tragbaren Schwarzweißfernseher; die Antenne ist abgebrochen, das Gehäuse ist völlig verstaubt, aber ansonsten scheint das Gerät noch brauchbar.*

35. Außen. Tag. Vor Coles Tankstelle.

RASHID *und* CYRUS *tragen Gerümpel aus dem Haus, werfen es auf die Ladefläche eines alten roten Pickup und gehen gleich wieder zurück, um mehr zu holen. Da* RASHID *schneller ist, verschieben sich die Auftritte. Wenn der eine draußen ist, ist der andere drinnen. Sie arbeiten schweigend.* CYRUS *kommt allmählich außer Atem. Schließlich wirft er eine Ladung auf den Wagen und hört auf. Er lehnt sich an den Wagen, zieht eine große, billige, halb gerauchte Zigarette aus der Hemdtasche und zündet sie an. Nahaufnahme des Hakens, als er das Streichholz anmacht. Nach ein oder zwei Zügen an der Zigarre erscheint* RASHID *mit der nächsten Ladung und wirft sie auf den Wagen.*

CYRUS: Zeit für 'ne Pause.

RASHID *lässt sich ohne Umstände auf die hintere Stoßstange des Wagens sinken. Er macht das so schnell, dass es komisch wirkt. Er sieht* CYRUS *beim Rauchen zu.*

RASHID: Ich will ja nicht neugierig sein, aber was ist denn mit Ihrem Arm passiert?

CYRUS *(hebt den Haken und betrachtet ihn kurz*: Scheußliches Ding, wie? *(Pause)* Aber ich will's dir erzählen. *(Pause)* Ich sag dir, was passiert ist. *(Pause)* Vor zwölf Jahren sah Gott auf mich runter und sagte: „Cyrus, du bist ein schlechter, dummer, egoistischer Mensch. Zur Strafe werde ich dich mit Alkohol füllen, dann setz ich dich ans Steuer eines Autos, und dann lass ich dich einen Unfall bauen und die Frau töten, die dich liebt. Aber dich, Cyrus, dich lass ich leben, denn das Leben ist viel schlimmer als der Tod. Und damit du nie vergisst, was du der armen Frau angetan hast, reiß ich dir den Arm ab und geb dir einen Haken dafür. Wenn ich wollte, könnte ich dir auch beide Arme und beide Beine abreißen, aber ich will gnädig sein und dir nur den linken Arm abreißen. Immer wenn du diesen Haken siehst, sollst du daran denken, was für ein schlechter, dummer, egoistischer Mensch du bist. Lass es dir eine Lehre sein, Cyrus, eine Warnung, damit du dich bessern kannst."

RASHID *(von* Cyrus' *Aufrichtigkeit beeindruckt)*: Und? Haben Sie sich gebessert?

CYRUS: Ich weiß es nicht. Ich bemühe mich. Jeden Tag, aber es ist nicht leicht, sich von Grund auf zu ändern. *(Pause)* Immerhin trinke ich nicht mehr. Keinen Tropfen seit sechs Jahren. Und jetzt hab ich wieder geheiratet. Doreen. Beste Frau, die ich je gekannt habe. *(Pause)* Und ich hab einen Sohn. Den kleinen Cyrus. *(Pause)* Es hat sich schon manches sehr gebessert, seit ich diesen Haken habe. Und falls ich mal diese verdammte Tankstelle in Schuss bringen kann, wird's mir richtig gut gehen.

RASHID: Sie haben dem Kind Ihren Namen gegeben?

CYRUS *(lächelt beim Gedanken an seinen Sohn)*: Der Junge ist was ganz Besonderes. Ein echter Tiger.

Schnitt. Nahaufnahme von RASHIDS *Gesicht. Er wirkt immer aufgeregter.*

CYRUS: Und was ist mit dir, Junge? Hast du auch eine Geschichte?

RASHID *(wendet sich ab)*: Wer, ich? Ich hab keine Geschichte. Ich bin einfach bloß da.

Ausblenden.

36. Außen. Tag. vor Coles Tankstelle.

Später Nachmittag. RASHID *und* CYRUS *laden noch Gerümpel auf den Pickup. Der Schwarzweißfernseher steht vor dem Büro auf dem Boden.*
Nach einigen Augenblicken erscheint ein 10 Jahre alter blauer Ford und hält neben dem Pickup. Am Steuer sitzt CYRUS' *Frau* DOREEN: *eine attraktive, selbstbewusste Frau Ende Zwanzig.* DER KLEINE CYRUS *sitzt hinten auf einem Kindersitz. Er ist zwei Jahre alt.*
CYRUS' *Gesicht leuchtet auf, als er den Wagen sieht.* DOREEN *stellt den Motor ab und steigt lächelnd aus.* RASHID, *den* CYRUS *plötzlich vergessen hat, verfolgt das Gespräch mit gespanntem Interesse.*

CYRUS: Hallo. Na, wie war's heute?

DOREEN *(scherzend)*: Wenn ich noch einer alten Dame die Haare waschen muss, fallen mir die Finger ab. *(Gibt ihm einen Kuss auf die Wange.)*

CYRUS: Viel los, ja? Das ist gut, denn hier war heute überhaupt nichts los.

DOREEN *(macht die hintere Autotür auf, schnallt den Kleinen von seinem Sitz und nimmt ihn in die Arme)* : Keine Sorge, Cy. Wird schon noch werden. *(Zu dem Kleinen, wobei sie aber gleichzeitig* RASHID *erblickt)*: Sag Daddy guten Tag.

DER KLEINE *(windet sich aufgeregt in den Armen seiner Mutter, als er seinen Vater sieht)*: Dada! Dada!

CYRUS *(nimmt den Jungen und gibt ihm einen dicken Kuss)*: Hallo, kleiner Tiger. Und was hast du heute gemacht?

DOREEN *(zu* RASHID, *als sie* CYRUS *das Baby gibt)*: Hallo.

RASHID *(schüchtern)*: Hallo.

CYRUS *(als er die beiden reden sieht)*: Ach, dich hab ich ja ganz vergessen! Doreen, das ist Paul. Mein neuer Gehilfe.

DOREEN *hält* RASHID *die rechte Hand hin.*

RASHID *(gibt ihr die Hand)*: Nur vorübergehend. Als freier Mitarbeiter.

CYRUS *(hält den* kleinen RASHID *hin)*: Und das hier, falls du nicht von allein drauf gekommen bist, ist mein Sohn.

RASHID *(betrachtet* DEN KLEINEN *genau; murmelt kaum hörbar)*: Hallo, kleiner Bruder.

CYRUS *(zu* DEM KLEINEN*)*: Sag Paul guten Tag.

DER KLEINE: Hallo, kleiner Bruder.

CYRUS *(zu* DOREEN*)*: Er hilft mir das Zimmer oben auszuräumen. Kann ja nichts schaden, hier mal klar Schiff zu machen. *(Zu* RASHID *)*: Für heute wär's das wohl. Komm morgen früh um acht, dann kannst du weitermachen. *(Geht mit dem kleinen auf dem Arm zum Büro.)*

Wir sehen ihn durchs Fenster: Er öffnet die Kasse, steckt das Geld ein, macht das Licht aus, kommt heraus und schließt die Werkstatt ab. Im Vordergrund sehen wir RASHID *und* DOREEN. RASHID *hat den Blick gesenkt, zu schüchtern, mit ihr zu sprechen. Sie mustert ihn neugierig und belustigt zugleich. Schließlich kommt* CYRUS *zu ihnen und sagt zu* RASHID *:*

CYRUS: Soll ich dich jetzt bezahlen, oder kannst du bis morgen warten?

RASHID: Bis morgen. Hat keine Eile.

37. Außen. Früher Abend. Vor Coles Tankstelle.

Etwas später. RASHID *sitzt neben dem Fernseher vor der Bürotür. Vollkommen reglos. Zwei bis drei Sekunden.*

38. Innen. Früher Abend. Im Büro von Coles Tankstelle.

Unter der Tür wird eine Bleistiftzeichnung durchgeschoben: eine exzellente Darstellung der Tankstelle, gesehen von der gegenüberliegenden Straßenseite.
Die Kamera fährt auf die Zeichnung zu, bis sie die ganze Leinwand ausfüllt. Zwei bis drei Sekunden.
Ausblenden.

39. Innen. Tag. Pauls Wohnung.

PAUL *öffnet die Tür. Im Flur steht* RASHID, *den Schwarzweißfernseher im Arm, den Rucksack auf dem Rücken. Seine Kleidung ist ein wenig schäbiger als beim letzten Mal.*

PAUL *(überrascht)*: Ach, du bist's.

RASHID *(ernst)*: Ich wollte Ihnen das geben, als Zeichen meiner Dankbarkeit.

PAUL: Dankbarkeit? Wofür?

RASHID: Weiß nicht. Weil Sie mir geholfen haben.

PAUL *(mustert den Fernseher argwöhnisch)*: Wo hast du den her?

RASHID: Gekauft. Für 29,95, bei Goldbaum im Ausverkauf.

(Gibt PAUL *den Fernseher, der ihn entgegennimmt.* RASHID *lächelt.)* Damit sind wir dann wohl quitt. Jetzt können Sie die Baseballübertragungen sehen. Wenn Sie bei Ihrer Arbeit mal 'ne Pause einlegen wollen. *(Wendet sich zum Gehen.)*

PAUL: Wo willst du denn jetzt hin?

RASHID: Hab 'ne geschäftliche Verabredung. Muss um drei bei meinem Börsenmakler sein.

PAUL: Lass den Quatsch. Hör auf damit und komm rein.

RASHID *(sieht auf die Uhr; achselzuckend)*: Aber ich hab nicht viel Zeit. *(Kommt zurück, tritt in die Wohnung.)*

PAUL *(stellt den Fernseher auf den Stereoschrank)*: Mach die Tür zu. *(*RASHID *schließt die Tür.)* Setz dich dahin. *(Zeigt.* RASHID *setzt sich auf den Stuhl.)* Und jetzt hör genau zu. Vor ein paar Tagen ist deine Tante Em hier gewesen. War vor Sorge ganz außer sich. Wir hatten ein interessantes Gespräch über dich, *Thomas*. Verstehen wir uns? Deine Tante meint, du wärst in Schwierigkeiten, und das meine ich auch. Und jetzt erzählst du mir alles, auf der Stelle.

RASHID *erkennt, dass er in der Falle sitzt. Zuckt die Achseln, lächelt schwach. Als er wieder aufblickt, sieht* PAUL *ihn immer noch finster an.*

RASHID: Das geht Sie alles gar nichts an.

PAUL *(ungeduldig)*: Geht mich nichts an? Wer bist du denn, dass du das beurteilen kannst?

RASHID *(gibt sich geschlagen)*: Na gut, na gut. *(Pause)* Ist 'ne blöde Geschichte. *(Pause)* Also, ich kenn da einen, der heißt Charles Clemm, die Leute nennen ihn den Kriecher. So 'ne Type, der man nicht übern Weg laufen will.

PAUL: Und?

RASHID *(zögernd)*: Ich bin ihm übern Weg gelaufen. Und deshalb trau ich mich nicht mehr nach Hause. Weil ich ihm nicht noch mal begegnen will.

PAUL: Das war es also, was du nicht hättest sehen sollen?

Nahaufnahme von RASHIDs *Gesicht, der immer lebhafter spricht.*

RASHID: Ich bin rein zufällig da vorbeigekommen... Plötzlich kommt der Kriecher mit noch 'nem anderen aus einer Bank gestürmt, maskiert und bewaffnet... Hätten mich beinahe umgerannt. Der Kriecher hat mich erkannt und hat gemerkt, dass ich ihn auch erkannt habe... Und wenn jetzt nicht einer von den Bankleuten Zeter und Mordio gebrüllt hätte, hätte der Kriecher mich erschossen. Auf der Stelle, mitten auf dem Bürgersteig. Aber das Geschrei hat ihn abgelenkt, und als er sich danach umdrehte, bin ich abgehauen... Noch eine Sekunde, und ich wär tot gewesen.

PAUL: Warum gehst du nicht zur Polizei?

RASHID: Soll das ein Witz sein? Sie haben ja einen wirklich komischen Humor.

PAUL: Wenn dieser Kriecher ins Gefängnis kommt, kann dir nichts mehr passieren.

RASHID: Der Mann hat Freunde. Und die werden es mir kaum verzeihen, wenn ich gegen ihn aussage.

PAUL *(nachdenklich)*: Wie kommst du darauf, dass du hier in der Gegend sicherer bist? Ist doch nur eine Meile weg von da, wo du wohnst.

RASHID: Stimmt, sehr weit weg ist es nicht; aber ein anderer Planet. Schwarz ist schwarz, und weiß ist weiß, und sie können zueinander nicht kommen.

PAUL: Mir scheint, in dieser Wohnung sind die beiden zueinander gekommen.

RASHID: Bloß, weil wir sowieso nirgends dazugehören. Sie passen nicht in Ihre Welt, und ich pass nicht in meine. Wir sind die Geächteten des Universums.

PAUL *(mustert* RASHID *)*: Möglich. Vielleicht ist es aber auch umgekehrt und die anderen Leute gehören nicht dazu.

RASHID: Wollen wir mal nicht zu idealistisch werden.

PAUL *(Pause. Dann ein breites Lächeln)*: Auch wieder wahr. Wir wollen's nicht übertreiben. *(Pause)* Jetzt ruf deine Tante Em an und sag ihr, dass du am Leben bist.

40. Innen. Abend. Pauls Wohnung.

PAUL *und* RASHID *sehen im Fernsehen ein Spiel der Mets. Beide rauchen Zigarillos.* PAUL *pafft gemächlich;* RASHID *hustet nach jedem Zug. Er ist offensichtlich kein Raucher. Die Bildröhre des Fernsehers ist defekt: Der Empfang ist schlecht, und ab und zu steht einer der beiden auf und schlägt auf das Gerät, um das Bild wieder in die Mitte zu bringen. Sie sehen dem Spiel schweigend zu. Nahaufnahme des Bildschirms: Der Batter holt aus. Man hört den Sprecher.*

41. Außen. Später Nachmittag. Die Ecke vor der Brooklyn Cigar Company.

AUGGIE *allein; er schließt den Laden ab und macht einen besonders verwahrlosten und unrasierten Eindruck. Als er das letzte Metallgitter runterzieht, kommt ein Wagen mit Pennsylvania-Kennzeichen die 7th Avenue entlanggerast und hält mit quietschenden Bremsen vor dem Laden. Es ist ein zehn Jahre alter Pontiac in ziemlich erbärmlichen Zustand: Der kaputte Auspuff qualmt, die Karosserie ist völlig verbeult.* AUGGIE *, von dem Lärm aufgeschreckt, dreht sich um.*

Aus AUGGIES *Blickwinkel: Blick in den Wagen, am Steuer sitzt* RUBY MCNUTT. *Sie lehnt sich aus dem offenen Fenster und redet eindringlich auf* AUGGIE *ein.*

RUBY: Steig ein, Auggie. Ich muss dir was zeigen.

AUGGIE *(widerwillig)*: Du gibst einfach nicht auf, wie?

RUBY: Steig einfach ein und sei still. Ich verlange gar nichts von dir. Du sollst nur mitkommen.

AUGGIE: Wohin?

RUBY *(ungeduldig)*: Verdammt, Auggie, frag nicht so viel. Steig endlich ein.

AUGGIE *zuckt die Achseln.* RUBY *öffnet die Beifahrertür und er steigt ein. Sie fahren los ..*

42. Außen. Abend. Die Straßen von Brooklyn.

RUBYS *Wagen fährt durchs abendliche Brooklyn: die 7th Avenue hinunter zur Flatbush Avenue, dann in den Eastern Parkway und an der Public Library und dem Brooklyn Museum vorbei in die Slums von Crown Heights und East New York.*

RUBY: Ich hab ihr gesagt, sie wird ihren Vater kennen lernen.

AUGGIE: Wie bitte?

RUBY: Es ging nicht anders, Auggie. Sonst hätte sie mich gar nicht zu sich gelassen.

AUGGIE: Halt lieber mal an und lass mich aussteigen.

RUBY: Sei bitte still, ja? Du brauchst gar nichts zu machen. Nur mitkommen und so tun, als ob. Den kleinen Gefallen wirst du mir doch wohl tun können. Außerdem lernst du vielleicht sogar was dabei.

AUGGIE: Und das wäre?

RUBY: Dass ich dir keinen Scheiß erzählt habe, mein Lieber. Dass ich dir die Wahrheit gesagt habe.

AUGGIE: Also, ich sag ja nicht, dass du keine Tochter hast. Ich sage nur, dass sie nicht meine Tochter ist.

RUBY: Warte ab, bis du sie siehst, Auggie.

AUGGIE: Und was soll das nun wieder heißen?

RUBY: Sie sieht genauso aus wie du.

AUGGIE *(gereizt)*: Hör endlich auf mit diesem Quatsch! Geht mir allmählich auf die Nerven.

RUBY: Als ich ihr sagte, dass ich ihren Vater mitbringen würde, ist sie ganz weich geworden. War das erste Mal, dass Felicity nett zu mir war, seit sie von zu Hause weg ist. Sie kann's gar nicht erwarten, dich kennen zu lernen.

Ein paar Sekunden fahren sie schweigend weiter. Inzwischen haben sie einen der schlimmsten und gefährlichsten Stadtteile erreicht. Wir sehen verfallene, mit Brettern vernagelte Gebäude, unbebaute Grundstücke voller Schutt, Müll auf den Bürgersteigen. Ruby biegt in eine dieser Straßen ein und hält vor einem Haus, auf dessen Eingangstür gesprayt ist: TÖTET DIE BULLEN! *Auggie und Ruby steigen aus und gehen auf das Gebäude zu. Weiter hinten auf der Straße sieht man einen Schwarzen, er hebt eine Mülltonne hoch und wirft sie mit lautem Krach wieder hin.*

AUGGIE: Nette Gegend, in die du mich hier gebracht hast. Voller glücklicher, wohlhabender Leute.

43. Innen. Abend. Felicitys Wohnung.

Nahaufnahme einer zerkratzten grünen Tür. Von der anderen Seite hört man es klopfen. Pause. Noch einmal das Klopfen. Nach einer weiteren Pause hört man Schritte auf die Tür zukommen. Gleich darauf kommt eine Schulter ins Bild: FELICITY *von hinten. Sie trägt einen billigen geblümten Morgenmantel.*

FELICITY: Ja? Wer ist da?

RUBY *(im Off)*: Ich bin's, Kleine. Deine Mutter.

FELICITYs *Hand erscheint und schiebt den Riegel weg. Die Tür geht auf und man sieht* AUGGIE *und* RUBY *im Flur stehen. Beide wirken nervös:* RUBY *hoffnungsvoll, gezwungen lächelnd;* AUGGIE *wachsam und misstrauisch. Schnitt: Nahaufnahme von* FELICITYs *Gesicht: eine sehr hübsche Blondine, 18 Jahre alt. Doch ihr Gesichtsausdruck ist feindselig, ihre Augen wirken müde und verbraucht. Sie ist plump geschminkt: Wangenrouge, roter Lippenstift. Sie fährt sich mit einer Hand durch das strähnige, ungewaschene Haar. Schnitt: Nahaufnahme von* AUGGIES *Gesicht. Was er denkt, ist nicht zu erkennen.*

Als AUGGIE *und* RUBY *in die Wohnung treten, fährt die Kamera zurück und zeigt das Zimmer. Eine kläglich eingerichtete Bruchbude: eine Doppelmatratze auf dem Fußboden (das Bett ist ungemacht), an der hinteren Wand ein wackliger Holztisch und zwei Stühle (auf dem Tisch eine Schachtel Sugar Pops), eine Kochplatte, neben der Matratze ein riesiger Farbfernseher. Der Fernseher läuft, aber ohne Ton. Während der ganzen Szene läuft im Hintergrund Reklame. Einziger Schmuck ist ein großes Schwarzweißposter von Jim Morrison, das mit Klebestreifen an der Wand befestigt ist. Überall liegen Klei-*

dungsstücke herum: auf dem Boden, auf dem Tisch, auf dem Fernsehgerät. Als RUBY *die Tür hinter sich zumacht, steht* FELICITY *bereits am Tisch hinten im Zimmer, sie nimmt aus einer Packung Newports eine Zigarette und zündet sie an. Keiner sagt etwas. Verlegenes Schweigen, während* FELICITY *ihre Mutter und* AUGGIE *finster ansieht.*

RUBY *(schließlich)*: Nun?

FELICITY: Nun was?

RUBY: Willst du denn nichts sagen?

FELICITY: Was soll ich denn sagen?

RUBY: Keine Ahnung? Hallo, Mom. Hallo, Dad. Oder so was Ähnliches.

FELICITY *(nimmt einen Zug, mustert Auggie von oben bis unten. Dann, zu Ruby)*: Ich hab keinen Daddy, klar? […]

AUGGIE *(leise murmelnd)*: O Gott. Das fehlt mir grade noch.

RUBY *(versucht die Boshaftigkeit ihrer Tochter zu ignorieren)*: Du hast mir gesagt, dass du ihn kennen lernen willst. Also, hier ist er.

FELICITY: Kann sein, dass ich das gesagt habe. Chico meinte, ich soll ihn mir mal ansehen, vielleicht springt Kohle für uns dabei raus. Jetzt hab ich ihn gesehen und kann nicht grade behaupten, dass ich sonderlich beeindruckt bin. *(Pause. Zu* AUGGIE*)*: He, Mister. Sind Sie reich oder so was?

AUGGIE *(angewidert)*: Und ob, ich bin Millionär. Ich verkleide mich nur, weil ich mich schäme, so viel Geld zu haben.

RUBY *(zu* FELICITY*. Flehend)*: Bitte sei nett zu ihm. Wir sind nur hier, um dir zu helfen.

FELICITY *(faucht zurück)*: Helfen? Eure Scheißhilfe brauch ich nicht. Ich hab einen Mann, kapiert? Was du von dir nicht behaupten kannst, Adlerauge.

AUGGIE: He, sprich nicht so mit deiner Mutter.

FELICITY *(drückt die Zigarette auf dem Tisch aus. Überhört* AUGGIES *Bemerkung. Zu ihrer Mutter)*: Willst du mir wirklich erzählen, du bist mit diesem Typ ins Bett gestiegen?

RUBY *(gedemütigt, um ihre Fassung ringend)*: Du kannst mit deinem Leben machen, was du willst. Wir denken nur an das Baby. Wir wollen, dass du einen Entzug machst. Nur für das Baby. Bevor es zu spät ist.

FELICITY: Baby? Wovon redest du eigentlich?

RUBY: Von deinem Baby. Das du unter deinem Herzen trägst.

FELICITY: Tja, da ist jetzt kein Baby mehr. Kapito? Alles leer gefegt.

RUBY: Was soll das denn heißen?

FELICITY: Abgetrieben, du Blitzmerker. *(Lacht bitter.)* Vorgestern hab ich die Abtreibung machen lassen. Also nerv mich nicht mehr mit diesem Scheiß. *(Lacht wieder. Herausfordernd, wie zu sich selbst)*: Bye-bye, Baby!

AUGGIE *(fasst Ruby am Arm; sie ist den Tränen nahe)*: Komm, verschwinden wir hier. Mir reicht's.

RUBY *schüttelt* AUGGIES *Hand ab und starrt ihre Tochter an. Während* FELICITY *spricht, fährt die Kamera nah an ihr Gesicht heran.*

FELICITY: Ja, genau, geh jetzt lieber. Chico kann jeden Augenblick zurück-kommen und dein Freund da soll sich bloß nicht mit ihm anlegen. Chico ist ein richtiger Mann. Nicht so ein schmieriger Saftsack aus der Müll-tonne. Geht das in deinen Schädel rein? Ich sage dir, der reißt den Typen da in Stücke. Der schlägt ihn zu Brei, deinen Daddy.

44. Innen. Tag. Pauls Wohnung.

Früh am Morgen. RASHID *macht in der Kochnische eine Kanne Kaffee.* PAUL *taumelt aus dem Bad und trocknet sich das Gesicht mit einem Handtuch ab. Er ist gerade erst aufgewacht und noch ziemlich benommen. Er geht zum Tisch.*

PAUL: Ah, Kaffee. Riecht gut.

RASHID *(reicht ihm eine Tasse)*: Ein Schluck davon, und Ihnen werden die Augen aufgehen.

PAUL *(nimmt die Tasse und setzt sich)*: Danke. *(Nimmt einen Schluck)*.

RASHID: Wann sind Sie gestern Nacht ins Bett gegangen?

PAUL: Weiß nicht. Um zwei oder drei. Jedenfalls ziemlich spät.

RASHID: Sie sind ja ganz schön fleißig.

PAUL: Wenn eine Geschichte dich erst einmal gepackt hat, kannst du kaum noch aufhören. *(Pause)* Außerdem muss ich verlorene Zeit aufholen.

RASHID: Übertreiben Sie's nicht. Sonst sterben Sie noch an Schlafmangel, bevor Sie fertig sind.

PAUL *(fast zu sich selbst; betrachtet das Foto von Ellen an der Wand)*: Wer nicht schläft, träumt auch nicht. Wer nicht träumt, hat keine Alpträume.

RASHID: Klingt logisch. Und wer nicht schläft, braucht auch kein Bett. Spart Geld. *(Pause)* Was ist das überhaupt für eine Geschichte, an der Sie da ar-beiten?

PAUL: Wenn ich's dir sage, kann ich sie vielleicht nicht zu Ende schreiben.

RASHID: Bitte, nur ein kleiner Tipp.

PAUL *(lächelt über* RASHIDs *Eifer. Pause)*: Na schön, ein kleiner Tipp. Die Ge-schichte kann ich dir nicht erzählen, aber ich erzähle, wie ich auf die Idee gekommen bin.

RASHID: Die Inspiration.

PAUL: Ganz genau. Die Inspiration. Übrigens ist es eine wahre Geschichte, da kann es doch eigentlich nichts schaden, oder?

RASHID: Nicht die Bohne.

PAUL: Also schön. Hör gut zu. *(Die Kamera kommt langsam näher. Nahauf-nahme von* PAULS *Gesicht)*. Vor ungefähr 25 Jahren fuhr ein junger Mann zum Skifahren in die Alpen. Er wurde von einer Lawine erfasst und un-term Schnee begraben. Die Leiche wurde nie gefunden.

RASHID (im Off; spöttisch): Das Ende

PAUL: Nein, nicht das Ende. Der Anfang. (Pause) Sein Sohn war damals noch ein kleiner Junge, aber als er erwachsen war, fing er auch mit dem Ski laufen an. Eines Tages im vorigen Winter fuhr er irgendwo allein einen Berg hinunter. Auf halbem Weg legt er neben einem großen Felsen eine Pause ein, um was zu essen. Und als er sein Käsebrot auswickelt, sieht er plötzlich unter sich im Eis gefroren eine Leiche – genau zu seinen Füßen. Er bückt sich, um genauer hin zu sehen, und hat auf einmal das Gefühl, in einen Spiegel zu sehen. Da liegt er selbst – tot – und die Leiche ist völlig unversehrt, in einem Eisblock versiegelt – sieht aus wie einer, der nur mal eben in Ohnmacht gefallen ist. Er kniet sich hin, er sieht dem Toten direkt ins Gesicht und erkennt, dass es sein Vater ist.

Schnitt auf RASHIDS *Gesicht. Er hört gespannt zu.*

PAUL (im Off): Und das Seltsame daran ist, dass der Vater jünger ist als der Sohn jetzt. Der Junge ist ein Mann geworden und jetzt ist er älter als sein eigener Vater.

Die Kamera bleibt auf RASHIDS *Gesicht. Nach kurzer Pause:*

PAUL (im Off): Und was hast du heute vor?

RASHID (achselzuckend): Lesen, nachdenken, ein bisschen zeichnen, falls ich in die richtige Stimmung komme.

Er zeigt auf den Kaffeetisch: Man sieht den Skizzenblock und eine Taschenbuchausgabe von Shakespeares „Othello".

RASHID: Aber heute Abend werde ich feiern. Das steht fest.

PAUL: Feiern? Was denn?

RASHID: Meinen Geburtstag. (Sieht auf die Uhr): Seit 47 Minuten bin ich siebzehn. Und dass ich es so weit geschafft habe, ist für mich ein Grund zum Feiern.

PAUL (hebt die Kaffeetasse): He. Herzlichen Glückwunsch. Warum hast du mir nichts davon gesagt?

RASHID (trocken): Hab ich doch grade.

PAUL: Ich meine: früher. Dann hätten wir was planen können.

Nahaufnahme von RASHIDS *Gesicht.*

RASHID: Ich hab was gegen Pläne. Ich nehm's lieber so, wie's kommt.

45. Innen. Später Nachmittag. Die Buchhandlung.

Eine kleine voll gestopfte, unabhängige Buchhandlung.
Die Szene beginnt mit einer Nahaufnahme vom Gesicht der Verkäuferin:
APRIL LEE, *eine Eurasierin, Mitte bis Ende Zwanzig.*
Sie sitzt mit einem aufgeschlagenen Buch vor sich am Ladentisch und macht ein verwirrtes, suchendes Gesicht, als sei ihr gerade etwas eingefallen, das

sie aber nicht deutlich vor Augen hat. Sie blickt in den hinteren Teil des La-
dens und horcht angestrengt, was PAUL *und* RASHID *sich zu sagen haben.*

RASHID *(im Off)*: Da haben wir's. *(Pause)* Rembrandts Zeichnungen. Edward
Hopper. Van Goghs Briefe.

PAUL *(im Off)*: Such dir zwei oder drei aus. Wenn ich schon mal die Spen-
dierhosen an habe, nutz es auch richtig aus.

Als PAUL *und* RASHID *sich dem Ladentisch nähern, senkt* APRIL *den Blick und tut*
so, als lese sie. PAUL *und* RASHID *treten aus dem Hintergrund ins Blickfeld der*
Kamera. PAUL *legt einen kleinen Stapel Kunstbücher auf den Ladentisch.*

PAUL: Die hätten wir gern.

APRIL *blickt auf; sieht* PAUL *in die Augen. Sie mustern sich kurz – mit bedeu-*
tungsvollen Blicken, die RASHIDS *Aufmerksamkeit nicht entgehen.*

APRIL: Zahlen Sie bar oder mit Karte?

PAUL *(zieht sein Portmonee und sieht hinein)*: Lieber mit Karte. *(Nimmt die*
Kreditkarte heraus und gibt sie April.)

APRIL *(mit lächelndem Blick auf die Karte)*: Ich wusste doch, dass ich Sie
kenne. Sie sind Paul Benjamin, der Schriftsteller, stimmt's?

PAUL *(erfreut und überrascht zugleich)*: Ich geb's zu.

APRIL: Ich warte schon ewig auf Ihren nächsten Roman. Schon was in petto?

PAUL: Ich, äh …

RASHID *(mischt sich begeistert ein)*: Allerdings. Bei dem Tempo, mit dem er
schreibt, hat er die Geschichte bis Ende des Sommers fertig.

APRIL: Wunderbar. Wenn Ihr nächstes Buch erscheint, könnten Sie doch hier
im Laden eine Signierstunde machen. Da würden sicher eine Menge
Leute kommen.

PAUL *(sie immer anstarrend)*: Also eigentlich drücke ich mich vor solchen
Auftritten.

RASHID *(zu* APRIL*)*: Entschuldigen Sie die Frage. Aber Sie sind doch nicht verheiratet, oder?

APRIL *(schockiert)*: Wie bitte?

RASHID: Vielleicht sollte ich die Frage anders stellen. Ich wollte sagen: Sind
Sie verheiratet oder haben Sie eine feste Beziehung?

APRIL *(verblüfft. Lacht laut auf)*: Nein! Jedenfalls nicht, dass ich wüsste!

RASHID *(lächelt zufrieden)*: Gut. Darf ich mir dann erlauben, Ihnen eine Einladung auszusprechen?

APRIL: Eine Einladung?

Nahaufnahme von PAUL*, der den beiden zuhört.*

RASHID: Ja, eine Einladung. Entschuldigen Sie bitte, wenn ich erst in letzter
Minute damit komme, aber Mr. Benjamin und ich gehen heute Abend zu
einer Feier und es würde uns sehr freuen, wenn Sie uns begleiten würden.
(Sieht PAUL *an.)* Habe ich Recht, Mr. Benjamin?

PAUL *(lächelt breit)*: Absolut. Es wäre uns eine große Ehre.

APRIL (lächelnd): Und was soll da gefeiert werden?

RASHID: Mein Geburtstag.

APRIL: Und wie viele Leute kommen zu dieser Geburtstagsparty?

RASHID: Von Party kann man eigentlich nicht sprechen. Es ist eher so etwas wie ein Essen zur Feier meines Geburtstags. (Pause) Die Gästeliste ist ziemlich kurz. Bis jetzt sind es nur Mr. Benjamin und ich selbst. Wenn Sie ja sagen, sind wir zu dritt.

APRIL (ironisch; mit einem listigen Lächeln): Aha. Verstehe. Ein gemütliches Abendessen. Aber zu dritt – ist das nicht ein wenig komisch? Wie sagt man –

RASHID: Drei sind einer zu viel. Ja, ich weiß. Aber ich muss Mr. Benjamin immer im Auge behalten. Damit er nicht in Schwierigkeiten gerät.

APRIL: Ach, Sie sind sein Anstandswauwau?

RASHID (ohne eine Miene zu verziehen): Genau genommen bin ich sein Vater.

APRIL bricht angesichts der zunehmenden Albernheit des Gesprächs in lautes Lachen aus.

PAUL: Das stimmt. Die meisten Leute halten mich für seinen Vater. Das ist zwar eine logische Annahme – wenn man bedenkt, dass ich älter bin als er und so weiter. Aber tatsächlich ist es umgekehrt. Er ist mein Vater, ich bin sein Sohn.

Nahaufnahme von APRILS Gesicht. Sie lacht immer noch. Schnitt.

46. Innen. Abend. Thailändisches Restaurant in Brooklyn.

Im Hintergrund sitzen mehrere andere Gäste. An einem Tisch feiert eine chinesische Familie einen Geburtstag. Am Ende der Szene stellen sie sich alle zu einem Gruppenfoto auf. PAUL, RASHID und APRIL sitzen um einen runden Tisch und haben bereits angefangen zu essen.

PAUL: Ihre Mutter ist also in Shanghai aufgewachsen?

APRIL: Bis zum zwölften Lebensjahr. 1949 ist sie nach Amerika gegangen.

PAUL: Und Ihr Vater? Stammt der aus New York?

APRIL (lächelnd): Aus Muncie in Indiana. Er und meine Mutter haben sich als Studenten kennen gelernt. Aber ich bin aus Brooklyn. Meine Schwestern und ich sind alle hier geboren und aufgewachsen.

PAUL: Genau wie ich.

RASHID: Ich auch.

APRIL: Ich habe mal irgendwo gelesen, dass ein Viertel aller Einwohner der USA mindestens einen Verwandten haben, der irgendwann einmal in Brooklyn gelebt hat.

RASHID: Kein Wunder, dass es hier so chaotisch zugeht.

PAUL (zu APRIL): Und der Buchladen? Arbeiten Sie dort schon lange?

APRIL: Ist bloß ein Job für den Sommer. Damit ich die Rechnungen bezahlen kann, während ich meine Dissertation fertig mache.

PAUL: Ihre Dissertation? Was studieren Sie denn?

APRIL: Amerikanische Literatur. Was sonst?

PAUL: Was sonst. Natürlich, was sonst? Und worum geht es in Ihrer Doktorarbeit?

APRIL *(gespielt wichtigtuerisch)*: Utopische Visionen in der amerikanischen Prosa des 19. Jahrhunderts.

PAUL: Toll. Sie träumen wohl ganz gern, oder?

APRIL *(lächelnd)*: Natürlich träum ich gern. Aber nicht, wenn's um meine Arbeit geht. *(Pause)* Haben Sie schon mal *Pierre* gelesen?

PAUL: Melville? *(Lächelt)* Ist schon eine Weile her.

APRIL: Das ist das Thema meines letzten Kapitels.

PAUL: Kein leichtes Buch.

APRIL: Was erklärt, warum das nicht der leichteste Sommer meines Lebens gewesen ist.

RASHID: Umso mehr Grund, heute Abend einen drauf zu machen. *(Hebt sein Glas.)* Hoch die Tassen.

APRIL *stößt fröhlich lachend mit* RASHID *an,* PAUL *sieht den beiden lächelnd zu. Schnitt.*

47. Innen. Nacht. Eine Bar in Brooklyn.

Eine lärmende Arbeiterkneipe. APRIL, PAUL *und* RASHID *stehen zusammen und wirken ziemlich beschwipst. Sie reden angeregt aufeinander ein, aber ihre Stimmen gehen im allgemeinen Lärm unter. In der Jukebox läuft Tom Waits' „Downtown Train".* APRIL *fordert* PAUL *zum Tanzen auf.* RASHID *sieht den beiden zu. Obwohl der Song eher schnell ist, tanzen* PAUL *und* APRIL *langsam, zögernd, als wüssten sie nicht so recht, wie sie miteinander umgehen sollen. Dann kommt* AUGGIE *aus dem Hinterzimmer, an seinem Arm hängt* VIOLET, *seine auffallend schicke Freundin. Beide sind stark angetrunken.*

AUGGIE *(betrunken grinsend)*: He, Mann, schön Sie zu sehen.

PAUL *(stellt vor)*: April Lee, Auggie, April, sag Auggie Wren hallo.

APRIL *(lächelnd)*: Hallo, Auggie Wren.

AUGGIE *(mit breiter Cowboystimme, tippt sich an einen nicht vorhandenen Hut)*: n' Abend, Miss April, freut mich, Ihre Bekanntschaft zu machen. *(Dreht sich zu* VIOLET *um.)* Und dieser hübsche Käfer hier ist Miss Violet Sanchez de Jalapeño, die schärfste Chilischote diesseits des Rio Grande. Stimmt's oder hab ich Recht, Baby?

VIOLET: Na klar, Auggie. Aber du bist auch nicht schlecht.

PAUL, APRIL *und* RASHID *nicken* VIOLET *grüßend zu.*

AUGGIE: Und wie kommt ihr in so eine Spelunke?

PAUL *(zeigt auf* RASHID; *zu* AUGGIE*)*: Heute ist sein Geburtstag, da wollen wir einen drauf machen.

AUGGIE *(zu* RASHID*)*: Wie alt?

RASHID: Siebzehn.

AUGGIE: Siebzehn? Weiß noch, wie ich siebzehn war. Mit siebzehn war ich total ausgeflippt. Und du? Bist du auch so 'n total Ausgeflippter?

RASHID *(nickt mit gespieltem Ernst)*: Und ob, Sie haben den Nagel auf den Kopf getroffen.

AUGGIE: Prima. Bleib so, vielleicht wirst du dann eines Tages erwachsen und auch so ein toller Kerl wie ich. *(Lacht laut auf.)*

PAUL *legt* AUGGIE *einen Arm um die Schulter und spricht leise mit ihm. Unterdessen mustern* APRIL *und* VIOLET *einander von oben bis unten, sie lächeln verlegen.* RASHID *versucht mitzukriegen, was* PAUL *und* AUGGIE *sagen.*

PAUL: He, Auggie, nur so eine Idee. Brauchen Sie im Laden nicht zufällig eine Aushilfe? Über den Sommer, so lange Vinnie nicht da ist?

AUGGIE *(nachdenklich)*: Aushilfe? Wär nicht schlecht. An wen denken Sie?

PAUL: Ich denke an den Jungen. Der könnte sich bestimmt nützlich machen.

AUGGIE *(blickt auf und mustert* RASHID*)*: He, Junge. Willst du einen Job? Erfahre so eben vom Arbeitsamt, dass du eine Stellung im Einzelhandel suchst.

RASHID: Einen Job? *(Pause. Sieht* PAUL *an.)* Dazu würde ich bestimmt nicht nein sagen.

AUGGIE: Komm morgen früh um zehn in den Zigarrenladen, dann besprechen wir die Sache, okay? Mal sehen, was sich machen lässt.

RASHID: Morgen früh, zehn Uhr. Abgemacht.

PAUL *(klopft* AUGGIE *auf den Rücken)*: Danke.

48. Innen. Tag. Pauls Wohnung.

Morgen. PAUL *und* RASHID *sitzen am Tisch und frühstücken.* RASHID *trägt ein rotes T-Shirt mit dem weißen Aufdruck „fire" auf dem Rücken. Sie reden schon länger miteinander.*

PAUL: 1942. Der Mann ist in Leningrad gefangen. Die Belagerung dieser Stadt war eins der schlimmsten Ereignisse der Menschheitsgeschichte. Fünfhunderttausend Menschen sind dabei umgekommen und auch Bachtin hat sich in einer Wohnung verkrochen und muss täglich damit rechnen, getötet zu werden. Tabak hat er jede Menge, aber kein Zigarettenpapier. Also nimmt er die Blätter seines Manuskripts, an dem er zehn Jahre lang gearbeitet hat, reißt sie in Stücke und dreht sich seine Zigaretten daraus.

RASHID *(ungläubig)*: Sein einziges Exemplar?

PAUL: Sein einziges. *(Pause)* Ich meine, wenn man sowieso den Tod vor

Augen hat, was ist dann wichtiger: ein gutes Buch oder ein anständiger Lungenzug? Und so hat er nach und nach sein Buch in Rauch aufgehen lassen.

RASHID *(denkt nach; lächelnd)*: Eine Sekunde lang habe ich Ihnen geglaubt, aber … aber so was würde ein Schriftsteller niemals machen. *(Kleine Pause. Sieht* PAUL *an.)* Hab ich Recht?

PAUL *(amüsiert)*: Du glaubst mir nicht? *(Steht vom Tisch auf und geht zum Bücherschrank.)* Pass auf, ich zeig's dir. Steht alles in diesem Buch.

Paul steigt auf einen Stuhl und greift nach einem Buch im obersten Regal. Dabei fällt sein Blick auf die Papiertüte, die Rashid dort in Szene 15 deponiert hat. Er betrachtet sie verwirrt, dann nimmt er sie, lässt sie in der Luft baumeln und dreht sich zu Rashid um.

PAUL: Was ist das?

RASHID *(windet sich verlegen)*: Keine Ahnung.

PAUL: Gehört das dir?

RASHID: Ja, kann sein.

PAUL *(zuckt die Schultern, will nicht darauf herumreiten)*: Hier, fang auf.

PAUL *wirft die Tüte in* RASHIDS *Richtung. Im Flug reißt sie auf und es regnet 20-, 50- und 100-Dollar-Scheine ins Zimmer.* PAUL *ist verblüfft. Für* RASHID *bricht eine Welt zusammen.*

49. Innen. Tag. Pauls Wohnung (später).

Einblenden. Einige Minuten später. PAUL *und* RASHID *sitzen wieder am Tisch, das Geld liegt in ordentlichen Stapeln zwischen ihnen.*

PAUL: Du behauptest also, das war alles ganz anders.

RASHID: Nicht unbedingt. Ich hab nur was ausgelassen.

PAUL: Du warst also nicht nur Augenzeuge. Die haben das Paket weggeworfen und du hast es aufgehoben.

RASHID: Ja, ich hab's aufgehoben.

PAUL: Und bist abgehauen.

RASHID: Und bin abgehauen.

PAUL *(sarkastisch)*: Prima Idee.

RASHID: Von wegen – Idee. Ich hab nicht nachgedacht, bin einfach losgerannt.

PAUL: Wenn's darum geht, in Schwierigkeiten zu geraten, bist du unschlagbar, wie? *(Pause. Zeigt auf das Geld.)* Und wie viel ist das ungefähr?

RASHID: 6000 Dollar. 5814, um genau zu sein.

PAUL *(schüttelt den Kopf; versucht die neue Wendung der Ereignisse zu verdauen)*: Du hast also die Räuber beraubt und jetzt sind die Räuber hinter dir her.

RASHID: Sie haben's erfasst.

PAUL: Junge, dich hat wohl der Teufel geritten. Wenn du meine Meinung hören willst: Gib dem Kriecher das Geld zurück. Gib's ihm einfach zurück und sag, dass es dir Leid tut.

RASHID *(schüttelt den Kopf)*: Niemals. Der kriegt das Geld niemals wieder. Das gehört jetzt mir.

PAUL: Der Kriecher wird begeistert sein, wenn er dich findet.

RASHID *(verstockt)*: Das Geld ist meine Zukunft.

PAUL: Wenn du bei dieser Einstellung bleibst, wirst du keine Zukunft haben. *(Pause)* Willst du wirklich schon mit siebzehn sterben?

Nahaufnahme von RASHIDS *Gesicht. Ausblenden.*

50. Innen. Tag. Die Brooklyn Cigar Company.

RASHID *wischt den Boden. Als er fertig ist, bringt er den Wischlappen ins Bad hinter der Kasse und legt ihn in den Eimer, der im Waschbecken steht. Er dreht den Wasserhahn auf und spült den Lappen aus. Neben dem Waschbecken stehen zwei Pappkartons auf dem Boden. Man sieht kurz den Inhalt: Kisten mit Montecristos (kubanischen Zigarren).* AUGGIES *Lieferung aus Miami ist eingetroffen.*

RASHID *dreht den Hahn zu, aber das Wasser tröpfelt als dünnes Rinnsal weiter in den Eimer.* RASHID *bemerkt es nicht.*

Er geht zum Ladentisch zurück. AUGGIE *steht an der Tür und schickt sich an zu gehen. Zum ersten Mal ist er ordentlich rasiert und gekämmt und er trägt seine besten Kleider: eine rot karierte Sportjacke, eine weiße Hose usw. Er sieht seltsam und lächerlich aus.*

AUGGIE: Ich bin in einer Stunde zurück. Pass so lange auf die Kasse auf, ja?

RASHID: Alles klar. Bis später.

AUGGIE *winkt ihm zu und geht.*

Schnitt. Das Badezimmer. Nahaufnahme von dem Eimer im Waschbecken. Er läuft gerade über, das Wasser ergießt sich auf die Kisten mit den kubanischen Zigarren.

Schnitt. Der Laden. RASHID *sitzt hinter dem Ladentisch und betrachtet eine nackte Frau in der Zeitschrift „Penthouse".*

Schnitt. Das Badezimmer. Nahaufnahme, wie das Wasser die kubanischen Zigarren überschwemmt.

Schnitt. Der Laden. Nahaufnahme von RASHID*, der das Foto anstarrt. Er stöhnt leise.*

RASHID *(vor sich hin murmelnd)*: O Gott, hilf mir.

Überblende.

Das knarrende Geräusch der sich öffnenden Tür. RASHID *klappt hastig die Zeitschrift zu und versteckt sie unterm Ladentisch.* AUGGIE *und zwei Männer in dunklen Nadelstreifenanzügen – Anwälte, die seine kubanischen Zigarren kaufen wollen – betreten den Laden.*

AUGGIE *(offensichtlich aufgeregt; gibt sich fröhlich und einschmeichelnd. Zu den beiden Anwälten)*: Illegal mag es ja sein, aber wo es kein Opfer gibt, gibt's auch kein Verbrechen, finde ich. Schadet doch niemandem, oder?

ERSTER ANWALT: So muss man sich während der Prohibition gefühlt haben, wenn man heimlich Schnaps getrunken hat.

ZWEITER ANWALT: Verbotene Früchte ...

AUGGIE *(zu* RASHID *)*: Viel zu tun gehabt?

RASHID: Nein, kaum was los.

AUGGIE *(zu den* ANWÄLTEN*)*: Hier entlang, meine Herren. Ziehen wir uns in mein Büro zurück. *(Zeigt in Richtung Bad.)*

Die Kamera bleibt auf Rashid, als AUGGIE *und die* anwälte *hinter dem Ladentisch verschwinden. Eine Sekunde später hört man Auggies Wutausbruch.*

AUGGIE *(im Off)*: Scheiße! Was ist denn hier los? So eine Schweinerei! Alles voller Wasser! Gottverfluchte Scheiße! So eine verdammte Sauerei!

51. Innen. Tag. Pauls Wohnung.

Nahaufnahme von RASHIDS *Gesicht. Tränenüberströmt.*

PAUL *(im Off)*: Du hast den Job verloren. Hab ich das richtig verstanden? Er hat dich einfach so rausgeschmissen?

RASHID *(unter Tränen)*: Nein, es war schon etwas komplizierter. Er hatte einen Grund.

PAUL *(im Off)*: Und?

RASHID: Es war nicht meine Schuld.

PAUL *(im Off; gereizt)*: Wenn du mir nicht sagst, was passiert ist, wie soll ich es dann wissen? Ich brauche Tatsachen, keine Meinungen.

RASHID *(gegen die Tränen ankämpfend)*: Der Wasserhahn hat getropft ... Ich hab ihn zugedreht, aber er hat weitergetropft und dann musste Auggie mal kurz weg und ich bin im Laden gewesen ... Und später ... also als Auggie zurück kam ... war alles überschwemmt. Die Zigarren aus Kuba waren ruiniert ... Völlig durchnässt ... gerade als er sie verkaufen wollte ... an diese reichen Typen in Anzügen ...

Schnitt. PAUL *steht mitten im Zimmer und sieht* RASHID *an, der auf dem Bett sitzt.*

PAUL: Zigarren aus Kuba. Du meinst, er hatte irgendwelche unsauberen Geschäfte mit diesen Typen vor?

RASHID: Anzunehmen. Er hat mir nichts davon gesagt.

PAUL: Kein Wunder, dass er so wütend war.

RASHID: Fünftausend Dollar sind ihm durch die Lappen gegangen, hat er gesagt ... Hat er immer wieder gesagt ... fünftausend Dollar im Eimer ... Er konnte gar nicht mehr aufhören ... fünftausend Dollar, fünftausend Dollar ... war völlig außer sich wegen dieser fünftausend Dollar ...

68

Schweigen. PAUL *geht nachdenklich im Zimmer auf und ab. Er setzt sich auf einen Stuhl am Tisch. Denkt weiter nach.*

PAUL: Du wirst jetzt Folgendes machen. Du machst deinen Rucksack auf, nimmst die Tüte mit dem Geld, zählst fünftausend Dollar ab und bringst Auggie das Geld.

RASHID *(entsetzt)*: Wie bitte? *(Pause)* Das kann doch nicht Ihr Ernst sein.

PAUL: Doch, das ist mein Ernst. Du musst mit Auggie ins Reine kommen. Wenn du das Geld schon nicht dem Kriecher zurück geben willst, dann gib es Auggie und die Sache ist erledigt. Ist wahrscheinlich sowieso das Beste. Seine Freunde zu behalten ist schließlich wichtiger, als sich um seine Feinde zu kümmern.

RASHID *(weint wieder heftig; hartnäckig)*: Nein, das mach ich nicht.

PAUL: Doch, das machst du. Wenn du Scheiße baust, musst du den Schaden auch wieder gutmachen. So ist das nun mal. Wenn du's nicht machst, schmeiß ich dich hier raus. Hast du verstanden? Wenn du Auggie nicht gibst, was du ihm schuldig bist, will ich nichts mehr mit dir zu tun haben.

RASHID: Wenn ich Auggie das Geld gebe, hab ich nichts mehr. Achthundert Dollar und einen Haufen Scheiße am Hals.

PAUL: Nur keine Sorge. Schon vergessen, dass du jetzt Freunde hast? Benimm dich anständig, dann ergibt sich alles andere von selbst.

52. Innen. Nacht. Eine Bar in Brooklyn.

AUGGIE *sitzt allein an der Bar, raucht eine Zigarette und trinkt ein Bier. Er macht ein wütendes Gesicht und flucht leise vor sich hin. Wenig Betrieb in der Bar.*

PAUL *und* RASHID *treten ein und gehen auf* AUGGIE *zu. Rashid trägt eine braune Papiertüte unterm Arm.* AUGGIE *winkt sie mit einer Kopfbewegung ins Hinterzimmer. Schnitt.*

Die drei nehmen an einem Tisch im Hinterzimmer Platz. Langes verlegenes Schweigen.

PAUL: Es tut dem Jungen Leid, Auggie.

AUGGIE *(blickt finster drein, fummelt an einer Serviette herum)*: Mir vielleicht nicht? *(Pause)* Hab drei Jahre für diese fünftausend sparen müssen und jetzt bin ich pleite. Kann kaum noch dieses Bier bezahlen. Ganz davon abgesehen, dass mein guter Ruf zerstört ist. Mein guter Ruf, vollständig ruiniert. Und ob mir das Leid tut! So eine Scheiße ist mir in meinem ganzen verdammten Leben noch nicht passiert.

PAUL: Er hat Ihnen etwas zu sagen, Auggie.

AUGGIE: Wenn er mir was zu sagen hat, warum sagt er's mir dann nicht selbst?

Ohne ein Wort zu sagen, nimmt RASHID *die Tüte von seinen Knien und legt sie vor* AUGGIE *auf den Tisch.* AUGGIE *sieht die Tüte misstrauisch an.*

RASHID: Das ist für Sie.

AUGGIE: Für mich? Und was soll ich mit einer Papiertüte?

RASHID: Sehen Sie mal rein.

AUGGIE *(wirft einen Blick hinein)*: Soll das ein Witz sein?

RASHID: Nein. Das sind fünftausend Dollar.

AUGGIE *(entrüstet)*: Scheiße, ich will dein Geld nicht, Kleiner. *(Blickt noch einmal in die Tür.)* Ist wahrscheinlich sowieso gestohlen.

RASHID: Ist doch egal, wo es herkommt. Es gehört Ihnen.

AUGGIE: Und wieso gibst du mir das Geld?

RASHID: Weil ich meinen Job wiederhaben möchte.

AUGGIE: Deinen Job? Du hast fünftausend Dollar. Was willst du dann mit so einem Scheißjob?

RASHID: Mir die Zeitschriften ansehen. Nackte Frauen so viel ich will, und das völlig umsonst.

AUGGIE: Du bist wirklich das Allerletzte, ist dir das klar?

AUGGIE *schiebt die Tüte zu* RASHID *hin.* RASHID *schiebt sie umgehend wieder zu* AUGGIE *zurück.*

PAUL: Seien Sie nicht so stur, Auggie. Er will doch nur alles wieder gutmachen.

AUGGIE *(stöhnt, schüttelt den Kopf, blickt noch einmal in die Tüte)*: Der ist verrückt.

PAUL: Nein, ist er nicht. Aber Sie.

AUGGIE *(zuckt die Schultern. Grinst plötzlich)*: Sie haben Recht. War nur nicht sicher, ob Sie's wussten.

PAUL: Das sieht doch ein Blinder. Jetzt sagen Sie mal was Nettes zu ihm, damit er sich besser fühlt.

AUGGIE *(blickt noch einmal in die Tüte. Lächelt)*: Du kleiner Scheißkerl.

RASHID *(lächelt ebenfalls)*: Selber, weißes Arschloch.

PAUL *(lacht; schlägt die Hände auf den Tisch)*: Na also. Das wäre erledigt.

53. Innen. Tag. Pauls Wohnung.

PAUL *allein an der Schreibmaschine. Plötzlich verklemmen sich die Tasten.*
PAUL *(spreizt die Hände vorm Gesicht und spricht zu seinen Fingern)*: Passt auf, Leute. Seht genau hin.

54. Innen. Tag. Pauls Wohnung.

Einige Stunden später. Wie zuvor: PAUL *allein an der Schreibmaschine. Es klopft laut an die Tür.* PAUL *tippt weiter. Es klopft wieder.* PAUL *steht seufzend auf und geht aus dem Arbeitszimmer. Schnitt.* PAUL *geht durch das große Zimmer und macht die Tür auf. Im Flur stehen zwei Schwarze. Der eine sehr*

groß, Mitte Dreißig; der andere klein, in den Zwanzigern. Es sind CHARLES
CLEMM *(der* KRIECHER*) und sein Kumpan* ROGER GOODWIN.

KRIECHER: Mister Benjamin, nehme ich an?

Bevor PAUL *antworten kann, drängen sich der* KRIECHER *und* GOODWIN *an ihm
vorbei in die Wohnung.* GOODWIN *schlägt die Tür hinter sich zu. Er postiert
sich an den Fenstern zur Straße.*

GOODWIN: Wissen Sie eigentlich, dass Sie in diesem Haus ein Sicherheitspro-
blem haben? Das Türschloss unten ist kaputt.

KRIECHER: Kein guter Zustand in diesen schlimmen Zeiten. Man weiß ja nie,
wer da so alles ins Haus kommen kann.

PAUL *(nervös)*: Ich werde es morgen dem Vermieter sagen.

GOODWIN: Tun Sie das. Man will ja keine unliebsamen Überraschungen erle-
ben, stimmt's?

PAUL *(mustert die beiden)*: Und mit wem habe ich das Vergnügen?

KRIECHER *lachend)*: Vergnügen? Vom Vergnügen kann gar keine Rede sein.
Scherzkeks. Würde sagen, wir sind geschäftlich hier.

PAUL: Egal. Ich weiß sowieso, wer Sie sind. *(Pause)* Sie sind der Kriecher,
richtig?

KRIECHER *(entrüstet)*: Der was?

GOODWIN *(zieht eine 45er-Automatik und richtet sie auf* PAUL*)*: Sag das bloß
nicht noch mal. *(Packt* PAUL *und dreht ihm den Arm um)*: Kapiert?

PAUL *(vor Schmerz stöhnend)*: Ja, kapiert.

Bevor GOODWIN *ernsthaft tätlich werden kann, winkt der* KRIECHER *ab. In diesem Augenblick sieht* PAUL *aus dem Fenster. Schnitt. Unten auf der Straße
nähert sich* RASHID *dem Gebäude. Schnitt. Aus Rashids Blickwinkel:* PAUL *steht
oben mit dem Rücken zum Fenster und versucht* RASHID *mit einer Handbewe-
gung zu warnen. Schnitt.* RASHIDS *verwirrtes Gesicht. Schnitt. Aus* RASHIDS
Blickwinkel: Der Kopf des KRIECHERS *erscheint im Fenster. Schnitt.* RASHID *er-
greift die Flucht. Während all dies geschieht, hört man im Off:*

KRIECHER: Ich sag Ihnen, weshalb wir hier sind. Wir brauchen Ihre Mitarbeit
bei der Suche nach einer gewissen Person. Wir wissen, dass die Person
hier gewohnt hat, also streiten Sie's gar nicht erst ab. Kapiert?

PAUL: Person? Was für eine Person?

GOODWIN: Tommy Cole. Ein Zwerg mit Spatzenhirn.

PAUL *(versucht Zeit zu schinden)*: Tommy Cole? Nie gehört.

Inzwischen ist RASHID *verschwunden.* PAULS *Gesicht: Er schielt über die Schulter auf die Straße runter. Schnitt. Die Straße:* RASHID *ist nicht mehr zu sehen.
Schnitt.* PAUL, *der* KRIECHER *und* GOODWIN *stehen im Zimmer.*

KRIECHER: Ich glaube, Sie haben nicht richtig zugehört. Wir *wissen*, dass der
Junge hier gewohnt hat.

PAUL: Sie *glauben*, das zu wissen. Aber offenbar hat man Sie falsch infor-
miert. Den Namen Tommy Cole habe ich noch nie gehört.

GOODWIN *(schlendert durchs Zimmer; sieht* RASHIDS *Skizzenblock auf dem Tisch)*: Sieh mal her, Charles. Tommy kritzelt doch gern, oder?
Er nimmt den Block, blättert herum, dann zerreißt er die Zeichnungen und wirft die Fetzen auf den Boden.
PAUL: He, was soll das?
Bevor GOODWIN *antworten kann, tritt der* KRIECHER *dicht an* PAUL *heran und verpasst ihm ohne Vorwarnung einen heftigen Schlag in den Magen.* PAUL *krümmt sich vor Schmerzen und bricht zusammen.*
KRIECHER: Also, wie sieht's aus, Scherzkeks? Arbeiten Sie mit, oder sollen wir Sie ins Krankenhaus schicken?
GOODWIN *(geht zum Bücherregal; spricht* PAUL *über die Schulter an)*: Hoffentlich bist du gut versichert, Kleiner.
GOODWIN *reißt Bücher aus den Regalen und schmeißt sie auf den Boden.*

55. Außen. Tag. Vor der Brooklyn Cigar Company.

AUGGIE *und* JIMMY ROSE *vor dem Laden;* AUGGIE *hat* JIMMY *einen Arm auf die Schulter gelegt und redet auf ihn ein. Jimmy versucht ihm zu folgen: Er blickt auf den Boden, nickt, bohrt heimlich in der Nase. Während sie reden, sieht man* PAUL *von weiter hinten auf sie zukommen. Er hinkt; eine Gesichtshälfte ist bandagiert; den linken Arm trägt er in einer Schlinge.*
AUGGIE: ... Wenn's passiert, passiert's. Wenn nicht, dann nicht. Kannst du mir folgen? Man weiß nie, was als Nächstes passiert, und gerade dann, wenn man es zu wissen glaubt, weiß man am allerwenigsten. So was nennt man ein Paradox. Kannst du mir folgen?
JIMMY: Natürlich kann ich dir folgen, Auggie. Wenn man nichts weiß, fühlt man sich wie im Paradies. Ich weiß, was das ist. Wenn man tot ist, kommt man in den Himmel und sitzt neben den Engeln.
AUGGIE *(macht schon den Mund auf, um* JIMMY *zu korrigieren, als er* PAUL *erblickt)*: O Gott, wie sehen Sie denn aus?
PAUL *(achselzuckend)*: Hätte schlimmer kommen können. Wenn die Polizei nicht angerollt wäre, wär's aus mit mir gewesen.
AUGGIE: Die Polizei? Dann sind diese Gangster jetzt also eingebuchtet?
PAUL: Nein. Die Marx Brothers sind abgehauen, als sie die Sirenen hörten. Aber immerhin haben sie aufgehört, meinen Schädel als Schlagzeug zu benutzen. *(Pause. Lächelt)* Attackus interruptus.
AUGGIE *(besieht sich* PAULS *Verletzungen)*: Meinus Fressus. Die haben ja ganz schön zugelangt.
PAUL: Immerhin haben sie kein Wort aus mir rausgekriegt. Das ist doch auch schon mal was.
JIMMY, *der* PAUL *die ganze Zeit aufmerksam betrachtet hat, hebt zögernd die*

Hand und berührt vorsichtig PAULS *übel zugerichtetes Gesicht.* PAUL *zuckt leicht zusammen.*

JIMMY: Tut das weh?

AUGGIE: Natürlich tut das weh. Was glaubst du denn?

JIMMY *(leise)*: Ich dachte, er tut vielleicht nur so.

PAUL *(zu* AUGGIE*)*: Nichts von Rashid gehört?

AUGGIE: Kein Wort.

PAUL: Ich habe vor ein paar Tagen mit seiner Tante gesprochen, aber die hat auch nichts von ihm gehört. Macht mir allmählich ein bisschen Angst.

AUGGIE: Könnte aber auch ein gutes Zeichen sein. Dass er's geschafft hat abzuhauen.

PAUL: Oder auch nicht. *(Pause)* Wie soll man das wissen?

56. Außen. Tag. Eine Straße in Brooklyn.

PAUL *ist auf dem Heimweg. Er sieht einen jungen Schwarzen von hinten. Der* JUNGE MANN *trägt das gleiche rote „*fire"*-T-Shirt wie* RASHID *in Szene 48. Paul humpelt aufgeregt schneller, um ihn einzuholen. Schließlich klopft er dem* JUNGEN MANN *auf die Schulter.*

JUNGER MANN *(fährt herum, als sei er angegriffen worden. Wütend)*: Was ist denn mit Ihnen los, Mister?

PAUL *(verlegen)*: Entschuldigung. Ich dachte, Sie wären jemand anderes.

JUNGER MANN: Ich bin nicht jemand anderes, klar? […]

57. Außen. Später Nachmittag. Pauls Wohnung.

PAUL *sitzt im Sessel und schreibt an seiner Geschichte. Die Wohnung ist halbwegs wieder aufgeräumt, aber es sind noch Spuren vom Besuch des* KRIE-CHERS *zu erkennen: kaputte Möbel, in einer Ecke ein Stapel zerfetzter Bücher usw.*

Einen Augenblick später steht PAUL *auf, geht zum Fernseher und stellt ihn an. Man hört den Lärm der Zuschauer bei einem Baseballspiel und die Stimme des Reporters, sieht aber kein Bild: nur einen weißen Strich quer über dem schwarzen Bildschirm.* PAUL *brummt vor sich hin und hämmert auf dem Fernsehen herum. Plötzlich ist das Bild da.* PAUL *macht einen Schritt zurück. Im selben Augenblick verschwindet das Bild wieder, es bleibt nur der weiße Strich auf dem schwarzen Schirm.* PAUL *schlägt noch einmal auf den Kasten. Es tut sich nichts. Er schlägt noch einmal, aber der weiße Strich bleibt. Die Kamera fährt langsam auf den Bildschirm zu und dann weiter hinein ins Schwarze. Gleich darauf hört man* PAULS *Schreibmaschine. Das Klappern hallt wie in einem leeren Raum.*

58. Außen. Tag. Brooklyn Promenade.

Sonntagvormittag, heller Sonnenschein. Im Hintergrund Lower Manhattan, davor die Wochenendausflügler auf der Promenade: alte Leute, die auf den Bänken sitzen und Zeitung lesen; junge Paare, die ihre Babys spazieren fahren; Mädchen auf Rollschuhen, Jungen auf Skateboards, Penner und Pennerinnen, Kamerafahrt. Zwischen den bunten Bildern sieht man rechts die Brooklyn Bridge, ein Spinnennetz aus Trossen vor der Skyline von Upper Manhattan; links breitet sich der New Yorker Hafen aus, man sieht die Fähre nach Staten Island und die Freiheitsstatue. AUGGIE *und* RUBY *gehen, ins Gespräch vertieft, auf der Promenade spazieren.* AUGGIE *ist ordentlich rasiert, er hat die Haare zurückgekämmt und trägt eine weiße Hose und ein rotes Hawaiihemd.* RUBY *trägt eine Sonnenbrille, eine schwarze Torerohose und Stöckelschuhe.*

AUGGIE: Du gibst also einfach auf und gehst nach Hause?

RUBY: Was bleibt mir anderes übrig? Ist ja wohl deutlich genug, dass sie mich nicht haben will.

AUGGIE *(nachdenklich)*: Trotzdem, du kannst sie doch nicht einfach abschreiben.

RUBY: Ach nein? Was soll ich denn sonst machen? Das Baby ist nicht mehr da, und wenn sie ihr Leben wegwerfen will, ist das ihre Sache.

AUGGIE: Sie ist doch noch ein Kind. Zeit für ein Baby hat sie noch genug. Wenn sie mal erwachsen ist.

RUBY: Du träumst, Auggie. Wenn sie Glück hat, wird sie vielleicht noch neunzehn.

AUGGIE: Und wenn du sie zu einer Entziehungskur schickst?

RUBY: Dazu krieg ich sie nie. Und selbst wenn, so was kostet viel Geld. Und ich hab keins. Ich bin total abgebrannt.

AUGGIE: Nein, das bist du nicht.

RUBY *(bleibt stehen)*: Willst du sagen, dass ich lüge? Ich sage dir, ich habe kein Geld. Kann mir nicht mal die Versicherung für meinen Wagen leisten.

AUGGIE *(geht darüber hinweg)*: Erinnerst du dich an das Geschäft, von dem ich dir erzählt habe? Die Sache hat geklappt. Jetzt bin ich reich.

RUBY *(schmollend)*: Wie schön für dich.

AUGGIE: Nein, schön für dich. *(Greift in die Tasche, zieht einen langen weißen Umschlag hervor und gibt ihn Ruby.)*

RUBY: Was ist das?

AUGGIE: Mach doch auf und sieh selber nach.

RUBY *(öffnet den Umschlag; er ist mit Geld voll gestopft)*: Du liebe Zeit. Da ist ja Geld drin.

AUGGIE: Fünftausend Dollar.

RUBY *(ungläubig)*: Und das schenkst du mir?

AUGGIE: Du hast es erfasst.

RUBY *(zu Tränen gerührt)*: Ich darf's wirklich behalten?

AUGGIE: Ja, sicher.

RUBY *(bricht in Tränen aus)*: Ich kann's nicht glauben. O Gott, ich kann's nicht glauben. *(Pause. Holt Luft.)* Auggie, du bist ein Engel. Dich schickt der Himmel. *(Versucht ihn zu umarmen, aber* AUGGIE *windet sich heraus.)*

AUGGIE: Lass das, ich bin kein Engel. Nimm einfach die Kohle und hör auf zu heulen, okay? Das macht mich krank.

RUBY: Entschuldige, ich kann doch nichts dafür.

RUBY *nimmt ein Taschentuch aus der Handtasche und putzt sich lautstark die Nase.* AUGGIE *zündet sich eine Zigarette an. Dann gehen die beiden weiter.*

AUGGIE: Eins will ich aber noch wissen.

RUBY *(schon gefasster)*: Red nur, Auggie. Du kannst mich alles fragen.

AUGGIE *bleibt stehen.*

AUGGIE: Felicity. *(Pause)* Sie ist nicht meine Tochter, stimmt's?

Lange Pause. Nahaufnahme von RUBYS *Gesicht.*

RUBY: Ich weiß es nicht. Auggie. Möglich wäre es. Vielleicht aber auch nicht. Mathematisch gesprochen steht es 50:50. Musst du selbst entscheiden.

Nahaufnahme von AUGGIES *Gesicht. Er beginnt zu lächeln. Ausblenden.*

59. Außen. Tag. Seventh Avenue.

PAUL *geht mit einem braunen Umschlag unterm Arm die bevölkerte Straße entlang.*

60. Innen. Tag. Die Buchhandlung.

APRIL *hinter dem Ladentisch. Sie kassiert gerade bei einer Kundin, einer Inderin, die einen Sari trägt.*

PAUL *kommt herein und nähert sich dem Ladentisch. Als* APRIL *aufblickt und ihn erkennt, leuchtet ihr Gesicht erst auf und nimmt dann einen entsetzten Ausdruck an, als er sieht, wie er zugerichtet ist. Die Kundin hat sie völlig vergessen.*

APRIL: O Gott, was ist denn mit dir passiert?

PAUL: Sieht schlimmer aus, als es ist. Alles in Ordnung.

APRIL: Was war denn?

PAUL: Ich erzähl's dir *(sieht sich im Laden um)*, aber nicht hier.

APRIL *(Pause. Zaghaft)*: Hast ja lange nichts von dir hören lassen.

PAUL: Na ja, war sozusagen aus dem Verkehr gezogen. *(Pause)* Was macht Melville?

APRIL: Fast fertig. Eine Woche noch, zehn Tage, dann hab ich's geschafft.

KUNDIN *(ungeduldig)*: Könnten Sie mir bitte mein Wechselgeld geben, Miss?

APRIL: Ach, Entschuldigung. *(Gibt der Frau das Geld.)*

KUNDIN: Und mein Buch.

APRIL: Entschuldigung. *(Steckt das Buch – Henry James' „Bildnis einer Dame" – in eine Tüte und gibt es der Frau.)*

Die KUNDIN *geht und sieht die beiden über die Schulter missfällig an.*

PAUL *(hält* APRIL *den braunen Umschlag hin)*: Ich hab meine Geschichte fertig. Ich dachte, du willst vielleicht mal einen Blick hineinwerfen.

APRIL *(nimmt den Umschlag – und begreift auf einmal, was diese Geste* PAULS *zu bedeuten hat; sie lächelt)*: Aber sehr gern.

PAUL: Schön. Hoffentlich gefällt's dir. Hab lange dafür gebraucht.

APRIL *(sieht auf die Uhr)*: Ich hab in zehn Minuten Mittagspause. Darf ich dich auf einen Hamburger einladen?

PAUL *(verlegen)*: Äh… vielleicht wär's besser, wenn du zuerst die Geschichte lesen würdest. Ruf mich an, wenn du fertig bist, okay?

APRIL *(leicht verwirrt, überspielt aber ihre Enttäuschung)*: In Ordnung. Ich lese es heute Abend und ruf dich morgen an.
(Wiegt den Umschlag in der Hand.) Scheint nicht sehr lang zu sein.

PAUL: Einundvierzig Seiten.

Ein anderer Kunde – ein junger Weißer um die Zwanzig – kommt mit einem Exemplar von „On the Road" an den Ladentisch. PAUL *geht zur Tür.*

PAUL: Rufst du auch wirklich an?

APRIL: Bestimmt. Ist versprochen.

61. Innen. Nacht. Pauls Wohnung.

Das Telefon klingelt – zwei-, drei-, viermal –, aber es geht niemand ran. Schnitt.

62. Innen. Nacht. Die Brooklyn Cigar Company.

Der leere Laden. Irgendwo hört man ein Telefon klingeln.

63. Innen. Nacht. Auggies Wohnung.

AUGGIE *sitzt allein am Küchentisch und zieht kürzlich entwickelte Fotos aus einem gelben Kodak-Umschlag. Das Album für 1990 liegt aufgeschlagen vor ihm auf dem Tisch. Nacheinander klebt* AUGGIE *ein kleines weißes Etikett in die linke untere Ecke eines jeden Bildes und schreibt sorgfältig das Datum darauf: 30. 7. 90, 31. 7. 90, 1. 8. 90 usw. Dann ordnet er die Bilder in das Album ein. Er raucht eine Zigarette, summt vor sich hin, trinkt Bourbon. Er sieht aus wie ein Landstreicher: unrasiert, die Haare zerzaust, ausgeleierte Shorts, nackter Oberkörper. Das Telefon klingelt. Ohne sich hetzen zu lassen, schiebt* AUGGIE *ein weiteres Foto an seinen Platz, trinkt einen Schluck Bourbon und nimmt dann endlich den Hörer ab.*

AUGGIE: Zentralstelle für Vermisste. Sergeant Fosdick. *(Pause. Hört zu.)* Ist ja wunderbar. Du lebst also noch. *(Pause. Hört zu.)* Ja, alles klar. Kein Problem. *(Pause. Hört zu.)* Danziger Road. Peekskill. *(Pause. Hört zu.)* Ja, verstanden. Brauch ich mir nicht aufzuschreiben. *(Pause. Hört zu.)* Woher soll ich das wissen? Was kann ich dafür, wenn er nicht ans Telefon geht? *(Pause. Hört zu.)* Also du hast die Polizei geholt, ja? Gut gemacht. *(Pause. Hört zu.)* Ja, wirklich. Gut gemacht. Hast ihm wahrscheinlich das Leben gerettet. *(Pause. Hört zu.)* Allerdings. Ziemlich übel sogar. Du bist ihm eine Menge schuldig. *(Pause. Hört zu.)* Nein, morgen nicht. Ich muss arbeiten – schon vergessen? *(Pause. Hört zu.)* Nein, Samstag auch nicht. Sonntag. *(Pause. Hört zu.)* Ja. Gut. Okay. *(Lächelt.)* Ja, und du mich auch. *(Pause. Hört zu. Lächelt wieder.)* Du auch. *(Legt den Hörer auf.)*

64. Außen. Tag. Pauls Straße.

Sonntagmorgen. PAUL *und* AUGGIE *gehen nebeneinander auf dem Bürgersteig.* PAUL *trägt* RASHIDS *Rucksack.*

PAUL: Was hat er denn am Telefon gesagt?

AUGGIE: Nicht viel. Dass seine Socken und Unterhosen dreckig wären, und ob es uns was ausmachen würde, ihm seine Sachen zu bringen. *(Pause)* Scheißkinder. Nutzen einen andauernd aus.

AUGGIE *bleibt vor einem am Bordstein geparkten Wagen stehen; es ist ein 15 Jahre alter roter Coupé de Ville.*

PAUL *(beeindruckt)*: Schöner Wagen, Auggie. Wo haben Sie den aufgetrieben?

AUGGIE: Gehört Tommy. Der war mir noch was schuldig.

Auggie schließt die Beifahrertür auf, geht um den Wagen und schließt die Fahrertür auf.

PAUL *(die Tür öffnend)*: Es ist nicht weit. Eine Stunde, vielleicht anderthalb. Zum Abendessen sind wir locker wieder zurück.

AUGGIE. Das will ich hoffen. Ich hab seit vierzehn Jahren keine Nacht mehr außerhalb von Brooklyn verbracht und den Rekord will ich noch weiter ausbauen. Außerdem muss ich morgen früh Punkt Acht an meiner Ecke sein.

Sie steigen ein. AUGGIE *lässt den Motor an. Schnitt.*

65. Innen (Außen. Tag. Peekskill. Coles Tankstelle.

Zimmer über dem Büro: RASHID *beim Anstreichen. Das Zimmer hat sich sehr verändert. Es ist jetzt vollständig leer und sauber. Mit jedem Strich weißer*

Farbe, den RASHID *aufträgt, wird der Raum freundlicher. Er arbeitet sorgfäl-*
tig, er ist stolz auf seine Leistung. Plötzlich von unten das Geräusch eines
Autos. RASHID *tritt ans Fenster, öffnet es und sieht hinaus. Schnitt.*
Aus RASHIDs *Blickwinkel:* CYRUS, DOREEN *und ihr Sohn fahren in dem blauen*
Ford vor. Sie steigen aus. DOREEN *trägt eine große Kühltasche.* CYRUS *öffnet*
die hintere Tür und schnallt DEN KLEINEN *von seinem Sitz.*

RASHID *(im Off; murmelt beunruhigt)*: O Gott, was wollen die denn am Sonn-
    tag hier?

DOREEN *(winkt* RASHID *zu)*: Hallo, Paul. Wir wollen ein Picknick machen.
    Willst du mitkommen?

Schnitt. RASHID *am Fenster.*

RASHID: Äh, ja, sicher. *(Pause)* Sekunde. Bin gleich unten.

Schnitt. RASHID *im Zimmer. Er kauert sich hin, legt den Pinsel auf den offe-*
nen Farbeimer und wischt sich die Hände mit einem Lappen ab, als unten
plötzlich wieder ein Auto zu hören ist. RASHID *steht auf und sieht aus dem*
Fenster. Schnitt.
Aus RASHIDs *Blickwinkel: Der rote Coupé de Ville rollt mit einem platten Rei-*
fen auf die Tankstelle. Der Wagen hält. AUGGIE *und* PAUL *steigen aus. Schnitt.*
Nahaufnahme von RASHID, *der aus dem Fenster sieht. Auf seinem Gesicht*
zeigt sich Panik.

RASHID: So ein Mist!

Er läuft zur Tür, hofft nach unten zu PAUL *und* AUGGIE *zu kommen, bevor* CYRUS
bei ihnen ist. In seiner Hast wirft er den offenen Farbeimer um.
Die Szene endet mit einer Nahaufnahme: Weiße Farbe läuft über den nack-
ten Holzboden.

66. Außen. Tag. Vor Coles Tankstelle.

Am Picknicktisch: CYRUS, DOREEN *und* DER KLEINE *packen ihr Mittagessen aus.*
Die Kamera schwenkt von CYRUS – *der* PAUL *und* AUGGIE *entgegen geht* – *zu*
PAUL *und* AUGGIE, *die bei den Zapfsäulen stehen. Sie blicken in Richtung Büro*
und beginnen zu lächeln. In dem Augenblick, da CYRUS *sie erreicht, kommt*
RASHID *ins Bild; er ist außer Atem von seinem Spurt die Treppe hinunter.*

PAUL *(zu* RASHID*)*: Hallo.

RASHID *(schockiert von* PAULS *Zustand)*: Mann, haben die Sie zugerichtet.

PAUL: Recherche. Habe die Szene in meine Geschichte übernommen. *(Pause)*
    Damit kann ich die Arztrechnungen voll von der Steuer absetzen.

AUGGIE *(leise)*: Das Finanzamt lacht sich schief.

CYRUS *(verfolgt das Gespräch mit verwirrter Miene. Zu* RASHID)*: Kennst du
    diese Leute? *(Zeigt auf den platten Reifen.)* Ich dachte, wir hätten Kund-
    schaft.

AUGGIE: Ja, er kennt uns. Aber Kundschaft haben Sie trotzdem. *(Dreht sich*

78

um und gibt dem Coupé de Ville einen Tritt.) Tommy, dieser Mistkerl. Soll
er mit seinen abgefahrenen Reifen doch alleine rumfahren.

PAUL: Wir wollten eigentlich nur frische Wäsche abliefern.

RASHID *(zu* CYRUS*)*: Schon gut. Ich kenn die beiden wirklich.

CYRUS *(immer noch verwirrt, versucht aber freundlich zu sein)*: Ich bin der
Inhaber hier. Cyrus Cole. *(Hält* AUGGIE *die rechte Hand hin.)*

AUGGIE *(gibt ihm die Hand)*: Augustus Wren.

Cyrus hält Paul die Hand hin.

PAUL *(gibt ihm die Hand)*: Paul Benjamin.

Schnitt: Nahaufnahme von RASHIDS *Gesicht. Für ihn ist gerade eine Welt zu-
sammengebrochen.*

CYRUS *(noch verwirrter; zu* RASHID*)*: Komisch. Er hat denselben Namen wie
du.

RASHID *(in Panik)*: Na ja, Sie und der Kleine haben doch auch denselben
Namen, stimmt's?

CYRUS: Ja, aber das ist mein Sohn. Das ist nichts Besonderes. Er ist mein
eigen Fleisch und Blut. Aber du hast denselben Namen wie dieser Mann
da, und ihr habt nicht mal die gleiche Hautfarbe.

RASHID *(improvisierend)*: So haben wir uns kennen gelernt. Wir sind Mitglie-
der im Internationalen Club der Namensdoppelgänger. Ob Sie's glauben
oder nicht, es gibt 846 Paul Benjamins in Amerika. Aber nur zwei im
Raum New York. Deshalb sind wir jetzt so gute Freunde. Weil wir die Einzigen sind, die auf den Clubversammlungen auftauchen.

AUGGIE *(entrüstet)*: Was soll der Quatsch, Junge? Warum sagst du dem Mann
nicht einfach, wer du bist?

Inzwischen hat DOREEN *sich neugierig zu den vier Männern gestellt. Sie hat
den Kleinen auf dem Arm.*

CYRUS *(zu* PAUL*)*: Was soll das eigentlich, Mister?

PAUL *(zuckt die Schultern, zeigt auf* RASHID*)*: Das sollten Sie ihn fragen.

AUGGIE: Ja, Rashid, spuck's aus.

DOREEN *(laut)*: Rashid?

PAUL *(zu* DOREEN*)*: Nur gelegentlich. So eine Art Deckname.

CYRUS *(völlig irritiert)*: Ich versteh überhaupt nichts mehr.

AUGGIE *(zu* RASHID*)*: Na los. Sag ihm, wie du richtig heißt. Wie's in der Ge-
burtsurkunde steht.

Nahaufnahme von RASHIDS *Gesicht. Seine Unterlippe bebt. Seine Augen füllen sich mit Tränen.*

RASHID *(kaum hörbar)*: Thomas.

CYRUS: Paul. Rashid. Thomas. Was denn nun?

RASHID: Thomas.

AUGGIE *(ungeduldig)*: Na los, mach schon, du Waschlappen. Nicht nur den
Vornamen; sag ihm auch deinen Nachnamen.

RASHID *(versucht Zeit zu gewinnen; Tränen laufen ihm über die Wangen)*: Das ist doch völlig egal.

PAUL: Wenn es völlig egal ist, kannst du's auch sagen.

RASHID *(zu* PAUL, *mit brechender Stimme)*: Ich wollt's ihm ja sagen ... aber in einem günstigen Augenblick.

AUGGIE: Der beste Augenblick ist immer jetzt.

CYRUS *(zu* RASHID*)*: Also?

RASHID *(die Tränen wegblinzelnd; zu* CYRUS*)*: Thomas Cole. Mein Name ist Thomas Jefferson Cole.

CYRUS *(vom Donner gerührt)*: Willst du mich auf den Arm nehmen? Aber nicht mit mir! Ich lass mich doch nicht von einem Rotzlümmel wie dir verarschen!

DOREEN *(aufgeregt)*: Cyrus!

DER KLEINE *(streckt die Hand nach* CYRUS *aus)*: Dada!

RASHID *(standhaft)*: Ob es Ihnen gefällt oder nicht, so heiße ich. Cole. Genau wie Sie.

PAUL *(zu* CYRUS*)*: Jetzt fragen Sie ihn nach seiner Mutter.

CYRUS *(außer sich)*: Das gefällt mir nicht. Überhaupt nicht.

RASHID: Louisa Vail. Erinnern Sie sich, Cyrus?

CYRUS: Halt den Mund! Halt sofort den Mund!

CYRUS *(kann seine Wut nicht mehr beherrschen; er holt aus und schlägt* RASHID *ins Gesicht.* RASHID *geht zu Boden.*

AUGGIE *(alarmiert)*: He, Schluss damit!

AUGGIE *holt wild aus und verpasst* CYRUS *einen Schwinger auf den Mund.* DOREEN *will ihren Mann verteidigen und tritt* AUGGIE *ans Schienbein.* AUGGIE *schreit auf und hüpft vor Schmerzen herum.*

DOREEN: *(zu* AUGGIE*)*: Sie Schuft. Wagen Sie das bloß nicht noch einmal, Sie brutales Schwein.

DOREEN *stellt* DEN KLEINEN *auf den Boden; der Junge läuft zu* PAUL *und schlägt ihn auf den verletzten Arm.* PAUL *schreit vor Schmerzen auf und bricht zusammen. Die Szene artet in völliges Chaos aus.*

Unterdessen hat RASHID *sich wieder aufgerappelt. Er stürzt sich auf* CYRUS *und wirft ihn zu Boden. Die beiden wälzen sich auf dem Asphalt und kämpfen mit aller Kraft. Als* CYRUS *die Oberhand zu gewinnen scheint, versucht* AUGGIE *sie auseinander zu reißen, aber vergeblich.*

DOREEN *(trommelt mit den Fäusten auf* CYRUS' *Rücken)*: Hör auf! Hör auf! Du bringst ihn ja um! Cyrus!

DOREENS *Geschrei unterbricht den Kampf.* CYRUS *wälzt sich von* RASHID *herunter und steht auf. Auch* RASHID *steht auf. Aber der Hass zwischen den beiden hat sich nicht gelegt.* CYRUS *hebt seinen Haken.*

DOREEN *(kreischend)*: Er ist dein Sohn, verdammt noch mal! Er ist dein Sohn! Willst du deinen Sohn umbringen?

Plötzlich hört CYRUS *auf. Er lässt den Arm nach unten sinken und bedeckt sich das Gesicht mit der rechten Hand. Dann bricht er in Tränen aus. Er schluchzt laut und hemmungslos, taumelt herum, fällt auf die Knie und kann nicht aufhören zu weinen.*
Schnitt: RASHID *steht reglos da und beobachtet* CYRUS. *Er lässt die Arme hängen, entspannt die Fäuste. Tränen strömen ihm übers Gesicht; er atmet heftig. Nahaufnahme von seinem Gesicht.*
Ausblenden.

67. Außen. Tag. Der Picknicktisch neben Coles Tankstelle.

Etwas später.
Totale. Alle Beteiligten der vorigen Szene sitzen am Picknicktisch und essen: Brathähnchen, Limonade, Pommes frites usw. Das Bild wirkt wie ein Stillleben.
DOREEN *sitzt neben* CYRUS. RASHID *schaukelt* DEN KLEINEN *auf den Armen, der mit geschlossenen Augen Milch aus einer Flasche trinkt.* AUGGIE *und* PAUL *sitzen nebeneinander und hören* DOREEN *zu (die als Einzige noch die Kraft zum Reden hat).* CYRUS *macht ein mürrisches Gesicht. Ab und zu sieht er verstohlen zu* RASHID *hinüber, der aber den Blick nicht von* DEM KLEINEN *wendet. Anfangs ist nichts zu hören. Dann fährt die Kamera näher heran, man kann verstehen, was* DOREEN *sagt. Während sie spricht, greift* PAUL *in seine Hosentasche und holt eine Dose Zigarillos heraus. Er beugt sich vor und bietet* CYRUS *einen Zigarillo an, doch der greift in seine eigene Tasche und bietet* PAUL *eine Zigarre an.* PAUL *greift zu und zündet sich die Zigarre an.* CYRUS *steckt sich seine ebenfalls an.*
DOREEN: Vielleicht war es nicht die cleverste Investition, aber wenn Cyrus das Geschäft auf die Beine bringt, können wir davon leben. Wenn einer mit Autos umgehen kann, dann er. Das Problem ist nur diese abgelegene Straße. Seit das Einkaufszentrum gebaut wurde, fährt hier kaum noch einer lang. Aber wir schaffen das schon – in guten und in schlechten Zeiten. Man tut sein Bestes und hofft, dass es klappt.
Musik setzt ein. Schnitt.

68. Schwarze Leinwand.

Musik. Nach einigen Augenblicken erscheinen die Worte: „DREI MONATE SPÄTER“.

69. Außen. Tag. Hochbahn, Brooklyn.

Die Musik spielt weiter. Im trüben Novemberlicht fährt eine Hochbahn über die Gleise.

70. Innen. Tag. Die Brooklyn Cigar Company.

AUGGIE *sitzt hinter dem Ladentisch; er trägt ein Flanellhemd. Bei ihm sind die drei Wetthaie, wie in Szene 2.* JIMMY *betritt den Laden, stellt eine Papiertüte vor* AUGGIE *auf den Ladentisch und setzt sich dann neben ihn.* JIMMY *betrachtet seine Uhr.* AUGGIE *nimmt einen Becher Kaffee aus der Tüte. Als er den Deckel entfernt, steigt Dampf aus dem Becher. Unterdessen sieht und hört man die Wetthaie.*

TOMMY: Natürlich wird es Krieg geben. Meint ihr, die schicken 500 000 Soldaten da rüber, damit sie mal 'n Sonnenbad nehmen können? Sicher, Strand gibt's da genug, aber kein bisschen Wasser. Eine halbe Million Soldaten. Die machen garantiert keinen Badeurlaub.

JERRY: Also ich weiß nicht, Tommy. Als ob irgendwer 'n Scheiß auf Kuwait gibt! Ich hab mal was über den Oberscheich da gelesen. Heiratet jeden Freitag 'ne Jungfrau und lässt sich am Montag wieder scheiden. Sollen wir unsere Jungs etwa für so einen in den Tod schicken?

DENNIS: Auch 'ne Methode, Amerikas Werte zu verteidigen, was, Tommy?

TOMMY: Macht euch nur lustig. Ich sage euch, es gibt Krieg. Jetzt, wo in Russland alles auseinander fällt, werden die im Pentagon arbeitslos, wenn sie keinen neuen Feind finden. Jetzt haben sie diesen Saddam und gegen den werden sie mit allem vorgehen, was sie haben. Garantiert.

PAUL *(kommt in Lederjacke und Schal in den Laden. Die Männer verstummen und sehen gespannt zu, wie er an den Ladentisch tritt.*

AUGGIE *(zu* PAUL*)*: Hallo, wie steht's?

PAUL: Hallo, Auggie.

PAUL *braucht gar nichts zu sagen;* AUGGIE *dreht sich um, nimmt zwei Dosen Schimmelpennincks aus der Vitrine und legt sie auf den Ladentisch.*

AUGGIE: Zwei, richtig?

PAUL: Äh, lieber nur eine.

AUGGIE: Sonst sind es immer zwei.

PAUL: Ja, ich weiß, aber ich versuch mich einzuschränken. *(Pause) Es gibt da jemand, der sich um meine Gesundheit sorgt.*

AUGGIE *(zieht schelmisch die Augenbrauen hoch)*: Ach ja?

Paul zuckt verlegen die Schultern und lächelt dann plötzlich.

AUGGIE: Und wie läuft die Arbeit, Maestro?

PAUL *(grinst immer noch; geistesabwesend)*: Prima. *(Pause. Reißt sich zusammen.)* Jedenfalls bis vor zwei Tagen. Da hat jemand von der *New York*

Times angerufen und mich gebeten, eine Weihnachtsgeschichte zu schreiben. Soll in die Weihnachtsbeilage.

AUGGIE: Ist doch großartig. So eine renommierte Zeitung.

PAUL: Ja, sicher. Das Problem ist nur, ich habe bloß noch vier Tage Zeit, mir was einfallen zu lassen. Und es kommt einfach nichts. *(Pause)* Kennen Sie vielleicht irgendwelche Weihnachtsgeschichten?

AUGGIE *(großspurig)*: Weihnachtsgeschichten? Klar, jede Menge.

PAUL: Was Gutes dabei?

AUGGIE: Gutes? Ja sicher. Soll das ein Witz sein? *(Pause)* Ich hab eine Idee. Sie laden mich zum Essen ein und ich erzähle Ihnen die beste Weihnachtsgeschichte, die Sie je gehört haben. Na, wie wär's. Und jedes Wort ist wahr, das garantier ich Ihnen.

PAUL *(lächelnd)*: Wahr muss sie gar nicht sein. Bloß gut.

AUGGIE *(zu JIMMY ROSE):* Du passt so lange auf die Kasse auf, okay. Jimmy? *(Steht auf, kommt um den Ladentisch.)*

JIMMY ROSE: Soll ich wirklich, Auggie? Soll ich das wirklich machen?

AUGGIE: Ja sicher. Denk nur daran, was ich dir beigebracht habe. Und lass dich nicht von den Typen da verarschen. *(Zeigt auf die Wetthaie.)* Wenn's Probleme gibt, kommst du zu mir. Ich bin nebenan bei Jack's. *(Zu PAUL):* Ist Ihnen doch recht?

PAUL: Jack's ist in Ordnung.

Paul und Auggie verlassen zusammen den Laden.

71. Innen. Tag. Jack's Restaurant.

Ein koscheres Restaurant, voll und laut; Sportfotos an den Wänden: alte Mannschaften der Brooklyn Dodgers, die Mets von 1969, ein Porträt von Jackie Robinson. PAUL *und* AUGGIE *sitzen an einem Tisch im Hintergrund und studieren die Speisekarte.*

PAUL *(klappt die Speisekarte zu)*: Muss mal aufs Klo. Wenn der Kellner kommt, bestellen Sie bitte Corned Beef auf Roggenbrot und ein Ginger Ale für mich mit, ja?

AUGGIE: Alles klar.

PAUL *steht auf und begibt sich zur Toilette.*

AUGGIES *Blick fällt auf den leeren Stuhl neben ihm, darauf liegt eine Ausgabe der* New York Post. *Man sieht die Schlagzeile „Schießerei in Brooklyn".* AUGGIE *beugt sich darüber, um den Artikel zu lesen. Nahaufnahme des Artikels: Fotos von* CHARLES CLEMM *(dem* KRIECHER*) und Roger Goodwin, darunter ihre Namen. Die kleinere Schlagzeile unter der ersten lautet: „Täter bei Überfall auf Juwelier getötet". Während* AUGGIE *den Artikel liest, kommt der* KELLNER *und will die Bestellung aufnehmen: ein korpulenter Mann mit Halbglatze und müdem Gesicht.*

KELLNER *(im Off)*: Was darf's sein, Auggie?

AUGGIE *(blickt auf)*: Äh… *(zeigt auf* PAULS *leeren Stuhl).* Mein Freund hier hätte gern Corned Beef auf Roggenbrot und ein Ginger Ale.

Schnitt. Der KELLNER *mit Bleistift und Bestellblock.*

KELLNER: Und was möchten Sie?

AUGGIE *(liest weiter; erinnert sich plötzlich an den Kellner)*: Ja?

KELLNER: Was möchten Sie?

AUGGIE: Ich? *(Pause)* Ich nehme das Gleiche. *(Blickt wieder in die Zeitung.)*

KELLNER: Darf ich Sie um etwas bitten?

KELLNER: Wenn Sie das nächste Mal zwei Corned-Beef-Sandwiches haben wollen, sagen Sie: „Zwei Corned-Beef-Sandwiches". Und wenn Sie zwei Ginger Ale haben wollen: „Zwei Ginger Ale".

AUGGIE: Wo liegt der Unterschied?

KELLNER: Es ist einfacher so. Und schneller.

AUGGIE *(versteht nicht sofort; versucht den* KELLNER *zu beschwichtigen)*: Ach, ach so. Wenn Sie meinen. Anstatt zu sagen: „Ein Corned-Beef-Sandwich" und dann „Noch ein Corned-Beef-Sandwich", sag ich also das nächste Mal „Zwei Corned-Beef-Sandwiches".

KELLNER *(trocken)*: Danke. Ich wusste, Sie würden Verständnis dafür haben.

KELLNER *ab. Auggie vertieft sich wieder in den Artikel.* PAUL *kommt zurück und nimmt ihm gegenüber Platz.*

PAUL *(macht es sich bequem)*: Also. Sind wir so weit?

AUGGIE: Klar. Jederzeit.

PAUL: Ich bin ganz Ohr.

AUGGIE: Okay. *(Pause. Denkt nach.)* Sie haben mich doch mal gefragt, wie ich zu meiner Fotografiererei gekommen bin. Wissen Sie noch? Die Geschichte handelt davon, wie ich meine erste Kamera gekriegt habe. Das heißt, eigentlich ist es die einzige Kamera, die ich je besessen habe. So weit alles klar?

PAUL: Jedes Wort.

AUGGIE *(Nahaufnahme von seinem Gesicht)*: Okay. *(Pause)* Also jetzt kommt die Geschichte. *(Pause) Okay. Pause)* Es war im Sommer 76, damals hatte ich grade angefangen für Vinnie zu arbeiten. Dem Sommer der 200-Jahr-Feier. *(Pause) Eines Morgens kam ein junger Bursche in den Laden und fing an zu klauen. Stand am Zeitschriftenstand und stopfte sich Sexheftchen unters Hemd. Da grade mehrere Leute an der Kasse standen, konnte ich ihn zunächst gar nicht sehen…*

Überblende von AUGGIES *auf* PAULS *Gesicht. Beginn des Schwarzweißfilms:*
AUGGIE *spielt die Ereignisse nach, die er* PAUL *schildert. Diese Szene deckt sich genau mit den Szenen 2 und 3 – mit einem Unterschied. Der Dieb ist jetzt* ROGER GOODWIN, *der Mann, der* PAUL *in Szene 54 zusammengeschlagen hat, der Mann, dessen Bild* AUGGIE *eben in der Zeitung gesehen hat. Die Ereignisse entwickeln sich lautlos, begleitet von* AUGGIES *Erzählstimme.*

AUGGIE *(im Off)*: Aber so bald ich merkte, was er da trieb, fing ich an zu schreien. Er nahm Reißaus wie ein Karnickel, und als ich endlich hinterm Ladentisch hervorkonnte, rannte er schon die Seventh Avenue runter. Ich hab ihn einen halben Block weit verfolgt und es dann aufgegeben. Ich hatte keine Lust mehr, ihm nachzurennen, und da er unterwegs etwas hatte fallen lassen, bückte ich mich danach.

Man sieht AUGGIE *dem Jungen nachlaufen, dann stehen bleiben und sich nach der Brieftasche bücken. Er geht zum Laden zurück.*

AUGGIE *(im Off)*: Es war seine Brieftasche. Geld war keins drin, dafür aber sein Führerschein und drei oder vier Schnappschüsse. Ich nehme an, ich hätte die Polizei holen und ihn verhaften lassen können. Sein Name und seine Adresse standen auf dem Führerschein, aber irgendwie tat er mir Leid. Er war bloß ein mickriger kleiner Anfänger, und als ich mir die Bilder in seiner Brieftasche ansah, konnte ich einfach keine Wut auf ihn empfinden ...

Man sieht AUGGIE *die Bilder betrachten. Nahaufnahmen der Bilder.*

AUGGIE *(im Off)*: Roger Goodwin. So hieß er. Auf einem der Bilder, erinnere ich mich noch, hatte er irgendeine Trophäe im Arm und grinste, als hätte er gerade den Jackpot geknackt. Ich habe es einfach nicht übers Herz gebracht. Ein armer Junge aus Brooklyn, ohne jede Chance, und wen kümmern schon ein paar Sexzeitschriften?

Schnitt: *Jack's Restaurant. Der* KELLNER *bringt ihre Bestellung.*

KELLNER: Bitte sehr, die Herren. Zwei Mal Corned-Beef. Zwei Ginger Ale. So ist's richtig, so ist's schnell. *(Ab)*

PAUL *(schmiert Senf auf sein Sandwich)*: Und?

AUGGIE *(trinkt einen Schluck)*: Die Brieftasche habe ich jedenfalls behalten. Ab und zu hatte ich ein leises Bedürfnis, sie ihm zurückzuschicken, aber das habe ich immer wieder aufgeschoben und nie was unternommen. *(Schmiert Senf auf sein Sandwich.)* Dann wird es Weihnachten und ich sitze rum und habe nichts zu tun. Eigentlich hatte Vinnie mich eingeladen, aber seine Mutter war krank geworden, und da mussten er und seine Frau in letzter Minute nach Florida. *(Beißt in sein Sandwich. Kaut)* Da sitze ich also an diesem Morgen in meiner Wohnung und bemitleide mich ein bisschen, und dann sehe ich Roger Goodwins Brieftasche auf einem Regal in der Küche liegen. Ich denke, was zum Teufel, warum nicht ausnahmsweise mal was Nettes tun, ziehe meinen Mantel an und mache mich auf den Weg, die Brieftasche persönlich zurückzugeben.

Schnitt: *Schwarzweißfilm. Die Siedlung in Boerum Hill.* AUGGIE, *dick eingemummt, streift zwischen den Häusern umher.*

AUGGIE *(im Off)*: Die Adresse war in Boerum Hill, in irgendeiner der Siedlungen da. Es fror an diesem Tag und ich weiß noch, dass ich mich auf der Suche nach dem richtigen Gebäude ein paar Mal verlaufen habe. In dieser Gegend sieht alles gleich aus, man läuft immer durch dieselbe Straße und denkt, man wäre ganz woanders. Jedenfalls komme ich endlich zu der Wohnung, die ich suche, und drücke auf die Klingel ...

Man sieht AUGGIE *einen Flur entlang gehen: Graffiti an den Wänden. Er bleibt vor einer Tür stehen und drückt auf die Klingel.*

AUGGIE *(im Off)*: Tut sich nichts. Ich nehme an, es ist niemand zu Hause, versuche es aber zur Sicherheit noch einmal. Ich warte ein bisschen länger, und gerade als ich es aufgeben will, höre ich wen zur Tür schlurfen. Die Stimme einer alten Frau fragt, wer da ist, und ich sage, ich möchte zu Roger Goodwin. „Bist du das, Roger?", fragt die alte Frau und dann schließt sie ungefähr fünfzehn Schlösser auf und öffnet die Tür ...

Man sieht eine sehr alte Schwarze – GRANNY ETHEL *– die Tür aufmachen. Sie lächelt verzückt und erwartungsvoll. Es ist zwar ein Stummfilm, aber man sieht* AUGGIE *und* GRANNY ETHEL *den Dialog sprechen, den* AUGGIE PAUL *wiedergibt.*

AUGGIE *(im Off)*: Sie muss mindestens achtzig sein, vielleicht sogar neunzig, und als Erstes fällt mir an ihr auf, dass sie blind ist. „Roger", sagt sie, „ich wusste, du würdest deine Großmutter zu Weihnachten nicht vergessen." Und dann breitet sie die Arme aus, als ob sie mich an sich drücken will.

Man sieht AUGGIE *kurz zögern. Während er den nächsten Abschnitt der Geschichte erzählt, sieht man ihn nachgeben, die Arme ausbreiten und Ethel umarmen. Die Umarmung wird etwas langsamer wiederholt; dann in Zeitlupe, dann in Superzeitlupe; und schließlich in so verlangsamtem Tempo, dass es wie eine Folge von Standfotos aussieht.*

AUGGIE *(im Off)*: Sie verstehen, ich hatte nicht viel Zeit zum Denken. Ich musste ganz schnell etwas sagen, und ehe ich wusste, wie mir geschah, hörte ich die Worte aus meinem Mund kommen. „Ja Großmutter", sagte ich. „Ich bin zurückgekommen, um dich an Weihnachten zu besuchen." Fragen Sie mich nicht, warum ich das getan habe. Ich habe keine Ahnung. Es ist mir einfach so rausgerutscht und plötzlich hat diese alte Frau mich vor ihrer Tür in die Arme genommen und ich hab sie an mich gedrückt. Das war wie ein Spiel, für das wir beide uns entschieden hatten – ohne erst über die Regeln zu diskutieren. Ich meine, diese Frau hat gewusst, dass ich nicht ihr Enkel war. Sie war alt und klapprig, aber sie war nicht so weit weggetreten, dass sie den Unterschied zwischen einem Fremden und ihrem eigenen Fleisch und Blut nicht erkannt hätte. Aber es hat sie glücklich gemacht, so zu tun, als ob, und da ich sowieso nichts Besseres zu tun hatte, habe ich gerne mitgespielt ...

AUGGIE *und* ETHEL *gehen in die Wohnung und nehmen im Wohnzimmer auf Sesseln Platz. Man sieht sie reden und lachen.*

AUGGIE *(im Off)*: Wir sind dann in die Wohnung gegangen und haben den Tag zusammen verbracht. Immer wenn sie mich gefragt hat, wie es mir geht, hab ich gelogen und ihr erzählt, ich hätte einen guten Job in einem Zigarrenladen gefunden, ich würde demnächst heiraten und hundert andere nette Geschichten und sie hat so getan, als ob sie mir jedes Wort glauben würde. „Wie schön, Roger", hat sie gesagt und lächelnd genickt. „Ich habe ja immer gewusst, dass du es zu etwas bringen würdest" …

Die Kamera schwenkt langsam durch ETHELS *Wohnung und verweilt kurz auf verschiedenen Gegenständen. Unter anderem sieht man Porträts von Martin Luther King, John F. Kennedy, Familienfotos, Garnknäuel, Stricknadeln. Im Anschluss an diese Kamerafahrt sieht man* AUGGIE *wieder in die Wohnung kommen. Er hat den Mantel an und trägt eine große Tüte mit Lebensmitteln. Dazu hört man seine Stimme*:

AUGGIE *(im Off)*: Nach einer Weile kriegte ich ordentlich Hunger. Da nicht viel Essen im Haus zu sein schien, bin ich zu einem Laden in der Nähe gegangen und habe einen Haufen Zeug gekauft. Ein gekochtes Huhn, Gemüsesuppe, ein Eimerchen Kartoffelsalat, alles Mögliche. Ethel hatte im Schlafzimmer ein paar Flaschen Wein versteckt und so konnten wir ein ganz ordentliches Weihnachtsessen auf die Beine stellen …

Man sieht AUGGIE *und* ETHEL *am Esszimmertisch*: *Sie essen, trinken, unterhalten sich.*

AUGGIE *(im Off)*: Der Wein hat uns ein bisschen angeheitert, das weiß ich noch, und nach dem Essen haben wir uns ins Wohnzimmer gesetzt, weil da die Sessel bequemer waren …

Man sieht AUGGIE, *der* ETHEL *am Arm führt und ihr in einen Sessel hilft. Dann verlässt er das Wohnzimmer und geht zum Bad am Ende des Flurs.*

AUGGIE *(im Off)*: Ich musste mal, also entschuldigte ich mich und ging durch den Flur ins Badezimmer. Dort nahmen die Dinge dann urplötzlich eine andere Wendung. Es war schon ziemlich irre, dass ich mich als Ethels Enkel ausgab, aber was ich dann tat, war wirklich verrückt, und ich hab's mir niemals verziehen …

AUGGIE *im Badezimmer. Während er pinkelt, sehen wir die verpackten Kameras, genau wie er sie beschreibt*:

AUGGIE *(im Off)*: Ich komme also ins Bad und an der Wand gleich neben der Dusche sehe ich sechs oder sieben Kameras aufgestapelt. Nagelneue 35-Millimeter-Kameras, noch in der Verpackung. Ich denke, das ist das Werk des echten Roger, ein Lagerplatz für seine letzte Beute. Ich habe noch nie in meinem Leben ein Foto gemacht, und gestohlen habe ich auch noch nie etwas, aber kaum sehe ich diese Kameras im Badezimmer, beschließe ich, dass eine davon mir gehören soll. Einfach so. Und ohne eine Sekunde nachzudenken, klemme ich mir eine der Schachteln unter den Arm und gehe ins Wohnzimmer zurück.

Man sieht AUGGIE *mit der Kamera ins Wohnzimmer zurückkommen.* ETHEL *ist in ihrem Sessel eingeschlafen.* AUGGIE *legt die Kamera hin, räumt den Tisch ab und spült in der Küche das Geschirr.*

AUGGIE *(im Off)*: Ich kann höchstens drei Minuten weggewesen sein, aber in dieser Zeit war Granny Ethel eingeschlafen. Zu viel Chianti, nehme ich an. Ich habe dann in der Küche den Abwasch gemacht und sie hat bei dem ganzen Lärm weiter geschlafen und geschnarcht wie ein Baby. Sie zu stören schien mir vollkommen überflüssig, also beschloss ich zu gehen. Ich konnte ihr noch nicht mal einen Brief zum Abschied schreiben, schließlich war sie ja blind, und so bin ich einfach gegangen. Die Brieftasche ihres Enkels legte ich auf den Tisch, dann nahm ich die Kamera und ging aus der Wohnung …

Man sieht AUGGIE, *der sich über* ETHEL *beugt und sie weiterschlafen lässt. Er legt die Brieftasche auf den Tisch und nimmt die Kamera. Er verlässt die Wohnung. Man sieht die Tür zufallen.*

AUGGIE *(im Off)*: Und damit ist die Geschichte aus.

Schnitt. PAULS *Gesicht.* PAUL *und* AUGGIE *sitzen am Tisch und verzehren die letzten Bissen ihrer Mahlzeit.*

PAUL: Haben Sie die Frau noch mal besucht?

AUGGIE: Einmal, etwa drei oder vier Monate danach. Ich hatte ein so schlechtes Gewissen wegen der Kamera, dass ich sie noch gar nicht benutzt hatte. Am Ende beschloss ich, sie ihr zurückzugeben, aber Ethel war nicht mehr da. Jemand anders war in die Wohnung eingezogen und der konnte mir nicht sagen, wo sie steckte.

PAUL: Wahrscheinlich ist sie gestorben.

AUGGIE: Tja, wahrscheinlich.

PAUL: Das heißt, sie hat ihr letztes Weihnachten mit Ihnen verbracht.

AUGGIE: Anzunehmen. So hab ich das noch nie gesehen.

PAUL: Es war eine gute Tat. Es war nett von Ihnen, ihr die Freude zu machen.

AUGGIE: Ich habe sie angelogen und dann habe ich sie bestohlen. Verstehe nicht, wie Sie das eine gute Tat nennen können.

PAUL: Sie haben sie glücklich gemacht. Und die Kamera war sowieso gestohlen. Sie haben sie jedenfalls nicht demjenigen weggenommen, dem sie wirklich gehört hat.

AUGGIE: Alles für die Kunst, Paul, wie?

PAUL: So würde ich das nicht ausdrücken. Aber zumindest haben Sie die Kamera für einen guten Zweck verwendet.

AUGGIE: Und Sie haben jetzt Ihre Weihnachtsgeschichte, stimmt's?

PAUL *(Pause. Denkt nach)*: Ja, ich glaube schon.

PAUL *sieht* AUGGIE *an. Ein boshaftes Lächeln zeigt sich auf* AUGGIES *Gesicht. Sein Blick ist so rätselhaft, seine Augen strahlen so hell in irgendeinem heimlichen Vergnügen, dass* PAUL *zu argwöhnen beginnt,* AUGGIE *habe die ganze Sache erfunden. Er will ihn schon fragen, ob er ihn vielleicht auf den Arm genommen habe – lässt es aber sein, da er weiß, das* AUGGIE *das niemals zugeben würde.* PAUL *lächelt.*

PAUL: Sie sind ein echtes Talent, Auggie. Wer eine gute Geschichte erfinden will, muss ganz genau wissen, was er tut. *(Pause)* Ich würde sagen, Sie sind ein richtiger Meister darin.

AUGGIE: Wie meinen Sie das?

PAUL: Ich meine, es ist eine gute Geschichte.

AUGGIE: Scheiße. Wenn man mit seinen Freunden keine Geheimnisse teilen kann, was ist man dann für ein Freund?

PAUL: Sehr richtig. Dann wäre das Leben einfach nicht lebenswert.

AUGGIE *lächelt noch immer.* PAUL *lächelt zurück.* AUGGIE *zündet sich ein Zigarette an;* PAUL *einen Zigarillo. Sie blasen, noch immer lächelnd, Rauch in die Luft.*

Die Kamera folgt dem Rauch bis an die Decke. Nahaufnahme des Rauchs. Drei bis vier Sekunden.

Die Leinwand wird schwarz. Musik. Abspann.

2. Charakternotizen (Szenen 1 – 22)

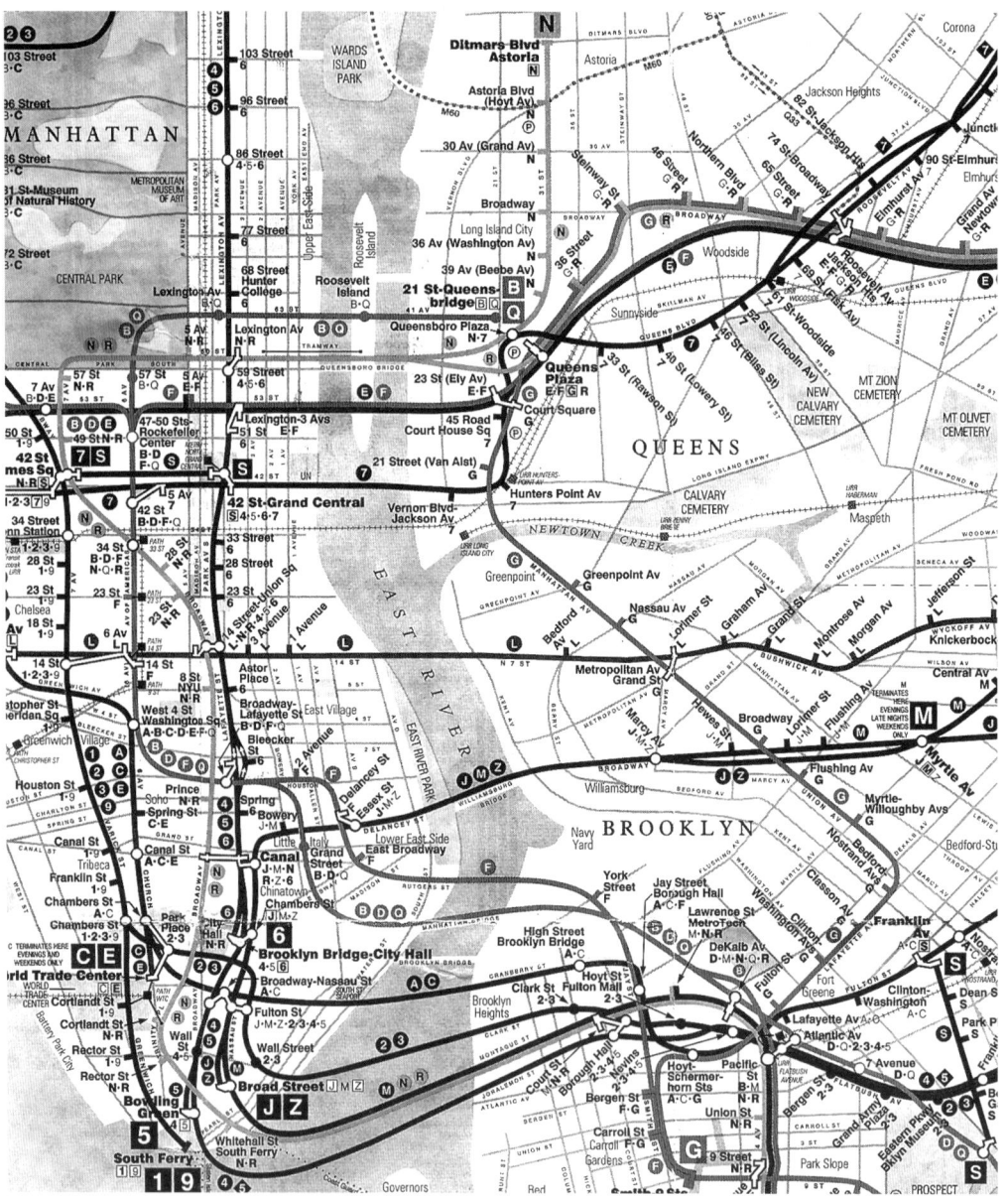

Subway Map New York (Ausschnitt)

Aufgabe 1:
Brooklyn – New York! Hier spielt der Film „Smoke". Lies die Szene 1 des Drehbuchs auf S. 24 und orientiere dich auf der Subway Map.

Aufgabe 2:
Lies die Szenen 2–22 und unterstreiche, was dir unklar ist. Notiere am Rand, welche Fragen dir gekommen sind.

Aufgabe 3:
Setzt euch in Gruppen zusammen, unterhaltet euch über eure Leseerfahrungen mit der Textsorte „Drehbuch" und versucht miteinander eure Fragen zu klären. In einem gemeinsamen Gespräch in der Klasse tauschen abschließend alle Gruppen ihre Gedanken aus und klären noch offene Fragen. Im Notfall ist auch eure Lehrerin oder euer Lehrer behilflich.

Aufgabe 4:
Geht wieder in eure Gruppen zurück. Jede Gruppe wählt sich nun eine der drei Hauptfiguren: Auggie, Rashid oder Paul. Passt auf, dass sich nicht alle mit derselben Figur beschäftigen.
Stellt euch vor, ihr müsstet als Assistent oder Assistentin des Regisseurs einem Schauspieler, der noch keine Ahnung vom Drehbuch hat, klarmachen, was er da für eine Figur zu verkörpern hat. Sammelt zu diesem Zweck alle Informationen zu eurer Figur, die ihr dem Text (Szene 2–22) entnehmen könnt. Fangt an mit Äußerlichkeiten, vergesst aber auch nicht Verhaltensweisen, (die ihr deuten müsst,) und schaut genau hin, welche Sprache einer verwendet. Lasst nichts unter den Tisch fallen, denn die Figuren sind bewusst vielschichtig angelegt:

„Jede Figur in dieser Geschichte hat ihre Stärken und Schwächen. Auggie zum Beispiel ist in seinen besten Momenten fast schon so etwas wie ein Zen-Meister. Er ist aber auch ein Gauner, ein Klugschwätzer, ein richtig grantiger Schweinehund. Rashid ist im Grunde ein guter und sehr aufgeweckter Junge, aber auch ein Lügner, ein Dieb, ein schamloses kleines Miststück." (Paul Auster)

So könnte der Anfang eures Notizzettels aussehen:

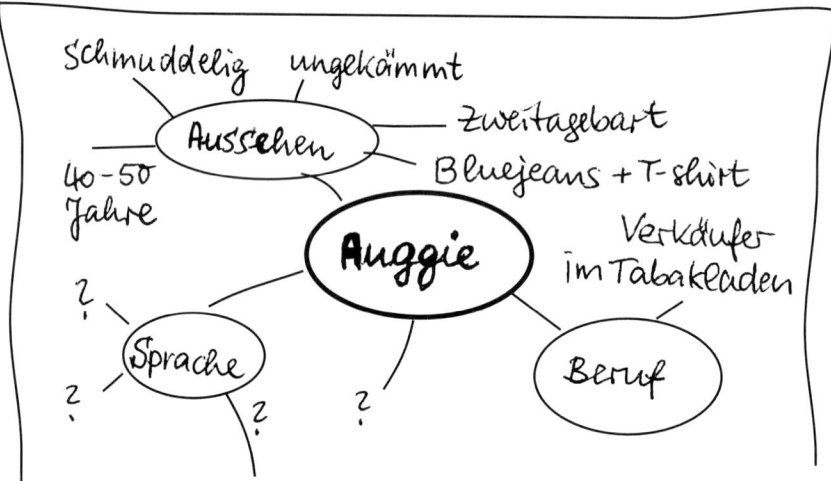

Paul Auster hat in einem Interview davon berichtet, dass er auch eine solche Merkmalsammlung angelegt hat, wie ihr sie eben gemacht habt:

„Etwa zwei Monate vor Drehbeginn hatten Wayne und ich die ersten Besprechungen mit den Schauspielern, wobei es darum ging, die Rollen zu diskutieren und gewisse Feinheiten des Drehbuchs durchzugehen. Am Ende schrieb ich für mehrere Rollen so etwas wie ‚Charakternotizen‘, ausführliche Listen und Kommentare, die den Hintergrund der jeweiligen Figur erläutern sollen. Nicht bloß Biografien und Familiengeschichten, sondern auch die Musik, die sie gern hören, ihre Lieblingsgerichte, Lieblingsbücher – alles und jedes, was dem Schauspieler bei der Bewältigung seiner Rolle helfen könnte."

Aufgabe 5:

Leider haben wir Austers Charakternotizen nicht vorliegen. Aber überlegt doch einmal selbst, was zu ,eurer' Figur noch so alles passen
würde. Dazu schlüpft jemand in die Rolle und beantwortet die Fragen
der übrigen Gruppenmitglieder aus der Perspektive der gewählten
Figur.

Was ist dein Lieblingsgericht?

Welche Musik hörst du gern?

Was war dein
Lieblingsfach?

Hast du
Geschwister?

Was war / ist
dein Vater?

Was machst du
sonntags?

Kannst du kochen?
usw. usw.

Aufgabe 6:

Schreibt nun in eurer Gruppe eine ausformulierte ,Charakternotiz'
eurer Figur. Verwendet dafür einerseits eure Stoffsammlung aus Aufgabe 4, andererseits dazu frei ausgedachte Merkmale, z. B. die aus
Aufgabe 5. Hebt das Ausgedachte vom übrigen Text ab, indem ihr mit
einem andersfarbigen Stift schreibt. Ein Sprecher oder eine Spreche-
rin eurer Gruppe liest die Charakternotiz dem Plenum laut vor, eine andere Gruppe, die dieselbe Figur bearbeitet hat, ebenso. Diskutiert nun
die Unterschiede eurer Ergebnisse.

3. Szenisches Interpretieren (Szenen 23–53)

Aufgabe 1:
Lies die Szenen 23–53 und unterstreiche, was dir unklar ist. Notiere am Rand, welche Fragen dir gekommen sind.

Aufgabe 2:
Setzt euch – wie schon nach der Lektüre der ersten 22 Szenen – in Gruppen zusammen und versucht im Gespräch die angemerkten Fragen zu klären. In einem Plenargespräch tauschen abschließend alle Gruppen ihre Gedanken aus und klären noch offene Fragen.

Cyrus und Rashid, ein Vater und sein Sohn, zwei, die sich kennen müssten und doch nicht erkennen, eine gestörte, aber noch nicht zerstörte Beziehung ... ein Mann, den das Schicksal gezeichnet hat und ein Junge voller Sehnsucht, misstrauisch, frech und verletzlich. Hier will sich einer ein Bild von seinem Vater machen, hier geschieht die Geschichte einer Annäherung.

All dies wird in den Szenen 29–32 und 34–37 dargestellt, obwohl doch eigentlich so wenig passiert, oberflächlich gesehen.

Aufgabe 3:

Die innere Bewegung der Figuren in diesen Szenen bekommt ihr vor allem dann mit, wenn ihr die Dialoge selbst laut sprecht. Versucht es einmal. Die folgenden Hinweise geben euch Auskunft, wie ein solches szenisches Interpretieren ablaufen könnte.

Ziel ist das möglichst freie Vom-Blatt-Ablesen. Dabei treten die Sprecher bzw. Sprecherinnen mit dem Text in der Hand vor das Publikum, machen während des Vorlesens Pausen, in denen sie Blickkontakt mit dem Spielpartner (bei Monologen mit dem Publikum) aufnehmen und begleiten ihr Lesen mit angedeuteten Gesten. Die „Kulisse" wird ebenfalls nur angedeutet, z.B. durch die Einbeziehung von Tisch, Stuhl, Tür usw. Ihr solltet versuchen, beim Vortrag der Rolle so nah wie möglich zu kommen.

Wie man das erreicht? Übt in Gruppen zu etwa sechs. Einige von euch sind die Sprecher und Sprecherinnen, die anderen treten in der Probenphase beratend auf und sind später das Publikum.

Zunächst muss man sich als Sprecher mit seiner Rolle vertraut machen, sie so oft laut für sich lesen, dass man hochschauen kann, ohne den Faden zu verlieren. Das sollte zu Hause geschehen. In der Schule könnt ihr euch an eine szenische Gestaltung mit Rede und Gegenrede wagen, Gestik und Mimik ausprobieren und euch dabei von den „Beratern" korrigieren lassen. Wenn ihr die Lautstärke ändern müsst, das Sprechtempo oder die Klangfarbe („Kälte" / „Wärme" in der Stimme), solltet ihr euch das im Text anmerken.

Aufgabe 4:

Diskutiert nach dem szenischen Lesen: Wie haben die Szenen auf euch gewirkt? Wie haben sich die Sprecher gefühlt? Fiel es ihnen leicht oder schwer, die Texte vorzutragen? Wirkten sie auf die Zuschauer glaubwürdig? Habt ihr den Text besser begriffen als bei der ersten stillen Lektüre des Drehbuchs oder nicht?

4. Der Zusammenhang von Kurzgeschichte und Drehbuch (Szenen 1–71)

Aufgabe 1:
Lies nun noch die Szenen 54–71 und unterstreiche auch hier, was dir unklar ist. Notiere am Rand, welche Fragen dir gekommen sind.

Aufgabe 2:
Setzt euch wieder in Gruppen zusammen und versucht im Gespräch die angemerkten Fragen zu klären. In einem Plenargespräch tauschen abschließend alle Gruppen mit der Lehrkraft ihre Gedanken aus und klären noch offene Fragen.

Aufgabe 3:
Ein ganzes Drehbuch gelesen! Hättest du die Kurzgeschichte darin wieder erkannt? Sprecht über diese Frage.

Aufgabe 4:
Fülle nun die folgende Skizze aus. Gib den zwei unterschiedlich schraffierten Teilen der Kurzgeschichte Titel (erinnere dich dazu an die Besprechung der Short Story im Englischunterricht), schreibe in die freie Fläche des Kastens „Film" die Namen der Figuren, die neu hinzugekommen sind, und formuliere dann dein Untersuchungsergebnis in ganzen Sätzen.

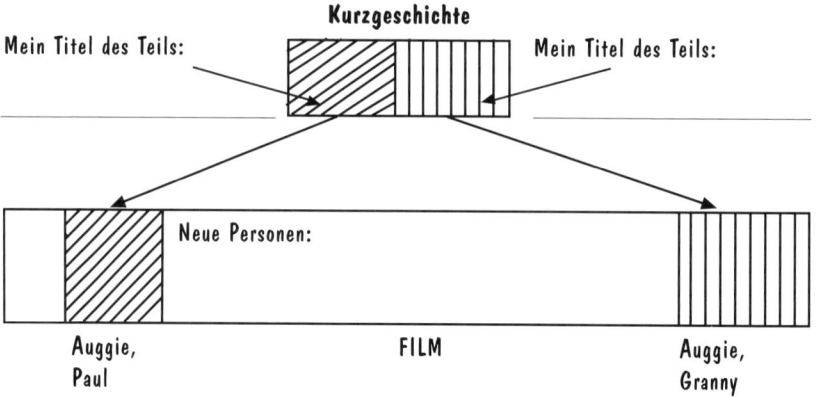

Die auseinander gerissenen Kurzgeschichtenteile und die neue Film-
handlung – sie scheinen nur lose verwoben zu sein. Würde sich am
Handlungsverlauf etwas ändern, wenn Auggie nicht seine Bildserie fotografieren würde? Nähme das Schicksal von Rashid und Paul eine andere Wendung, wenn die Granny-Ethel-Geschichte fehlte? Wohl kaum!
Und doch gibt es Spuren, die dem Leser und der Leserin auf der Suche
nach dem Zusammenhang der Teile helfen können.

Aufgabe 5:
Erinnere dich, an welchen Stellen des Drehbuchs die Figur Roger
Goodwin auftaucht und zeige, wie schon durch diese Person Granny-
Ethel-Teil und neuer Drehbuchteil verknüpft werden.

Aufgabe 6:
Die folgende Skizze zeigt Ähnlichkeiten zwischen den Kurzgeschich-
ten-Teilen und dem Drehbuch. Ergänzt die Beispiele.

KURZGESCHICHTE
Auggies Fotomotiv

immer das Gleiche,
nämlich:

_____

_____

_____

Spiegel von Welt und
Geschichte, nämlich:

_____

_____

_____

FILM
Auggies Laden

immer das Gleiche,
nämlich:

_____

_____

_____

Viele Schicksale
kreuzen sich, nämlich:

_____

_____

_____

KURZGESCHICHTE
Ambiguität („ambiguity") von
Lüge und Diebstahl

an sich etwas Negatives,
nämlich:

_____

_____

macht Granny Ethel glücklich,
nämlich:

_____

_____

FILM
Ambiguität des gestohlenen Geldes

bringt Gefahr, Verletzung,
nämlich:

_____

_____

bringt Positives, Heilung,
nämlich:

_____

_____

Aufgabe 7:

Paul Auster in seinem
Arbeitszimmer in Brooklyn

Für Paul Auster hat der
Filmschluss mit der
Granny-Ethel-Story noch
einen ganz besonderen
Reiz:

„Der Aufbau von ‚Smoke' ist recht seltsam, denn das letzte Stück, ‚Auggie
Wrens Weihnachtsgeschichte', die von Harvey Keitel erzählt wird, hat
sonst nichts mit dem übrigen Film zu tun, zumindest nichts mit den Ein-
stellungen, die vor der Erzählung kommen. Sie ist keine Schlussfolgerung.
Als Auggie die Geschichte erzählt, beginnt etwas Neues. Ich mag es, wenn
die Dinge sich öffnen, nicht wenn sie sich schließen."

Diskutiert darüber, wie dieser Filmschluss bei der Lektüre des Drehbuchs auf euch gewirkt hat und was der Reiz eines solchen sich öffnenden Schlusses sein könnte.

5. Das Geflecht der Figuren

Zu den zwei Hauptfiguren der Kurzgeschichte, Auggie und Paul, kommt im Drehbuch eine neue Drehbuch-Hauptfigur, Rashid, sowie eine Reihe von Nebenfiguren. Im Laufe der Handlung treten die sechs Figuren, die zu Anfang des Drehbuchs keinen oder nur einen oberflächlichen Kontakt haben, in ein dichtes Beziehungsgeflecht, das in der folgenden Skizze dargestellt wird.

Aufgabe:
Ordne die unten aufgelisteten Satzbestandteile den Pfeilen zu, indem du je ein Satzteil neben je einen Pfeil schreibst.

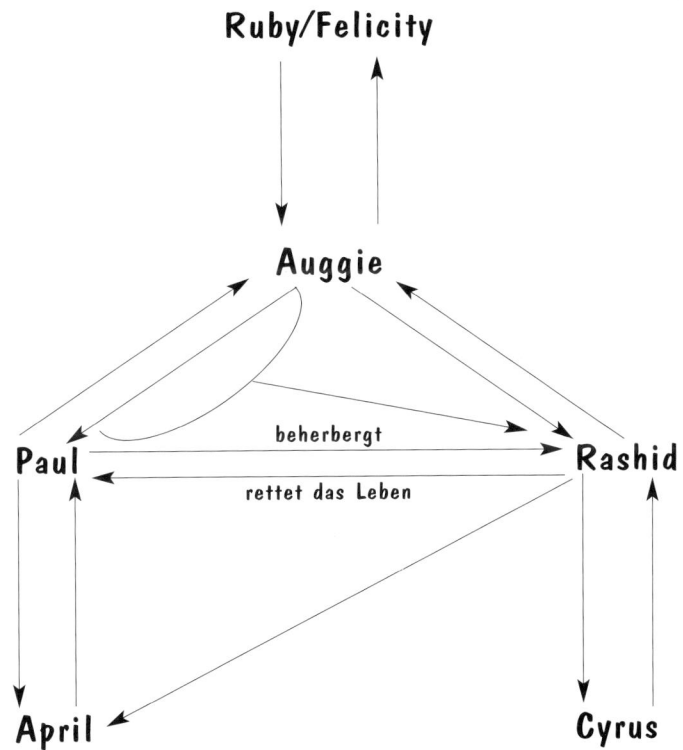

gibt Arbeit – ist Kunde bei – rettet das Leben – beherbergt
trifft wieder – ersetzt Schaden – schenkt Geld   kennt
spricht an – wird Freundin von – beeinflussen
verliebt sich in – findet wieder – sucht auf

6. Die Entwicklung der Figuren

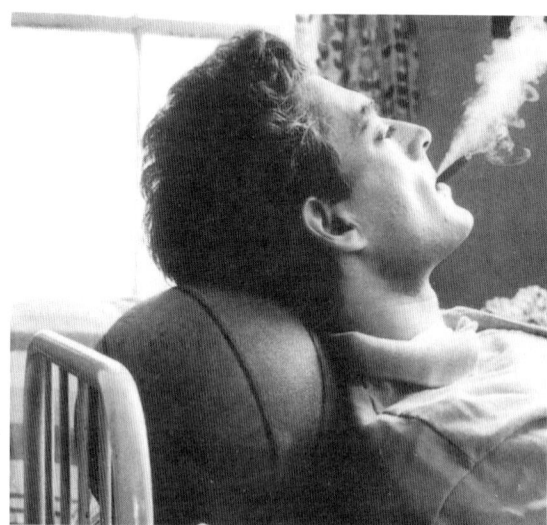

Paul Auster – rauchend

Aufgabe 1:

„Rauch ist nichts Fixiertes, er verändert ständig seine Gestalt. Genau wie die Figuren des Films sich ändern, wenn ihre Lebenswege sich kreuzen. Rauchsignale... Rauchschleier... Rauch, der durch die Luft treibt. Im Kleinen wie im Großen wird jede Figur von den anderen irgendwie verändert" hat Auster zur Erläuterung des Filmtitels geäußert. Indem die drei Hauptfiguren ihre unsichtbare Isolation durchbrechen und sich um jemand anderen kümmern, verändert sich auch ihre eigene Situation. Vervollständige die Skizze:

am Anfang   am Ende

Rashid

Herumtreiber,
zerstörte Familie   _____

Paul

einsam, Schreibhemmung   _____

Auggie

Einzelgänger, illegale Geschäfte   _____

Weil „alle Beteiligten am Ende ein bisschen besser dran sind als am Anfang" hat Auster sein Stück als optimistisch bezeichnet: „Doch *Smoke* ist ein ziemlich optimistischer Film. Sicher, man begegnet darin Menschen, die etwas verängstigt, verloren sind, viele Probleme haben … wie im Leben … Doch die Umstände sind so, dass jede Figur versucht, der anderen das, was sie an ihr für das Beste hält, zu entlocken. Und das ist durchaus möglich, das passiert, es ist keine Erfindung des Schriftstellers. Es handelt sich einfach um eine bestimmte Herangehensweise an Dinge und Menschen."

Aufgabe 2:
Das erste der folgenden Zitate stammt aus „Smoke", die weiteren stammen aus Interviews mit Paul Auster (und nicht alle beziehen sich dort direkt auf den Film).Tauscht nach der Lektüre der Zitate eure Gedanken darüber aus, wodurch eurer Meinung nach die positive Entwicklung der Figuren ermöglicht wird.

„Rashid: Wenn ich Auggie das Geld gebe, hab ich nichts mehr. Achthundert Dollar und einen Haufen Scheiße am Hals.
Paul: Nur keine Sorge. Schon vergessen, dass du jetzt Freunde hast? Benimm dich anständig, dann ergibt sich alles andere von selbst."

„Als Menschen im Umbruch begegnen meine Figuren häufig jemandem, der ihr Leben umkrempeln wird. Es ist diese mögliche Liebe – die Aussicht, sein Leben mit jemand anderem teilen zu können – die alles ändern wird."

„Unglück ist notwendig: Wenn es nicht da wäre, würde man sich nicht so viele Fragen stellen!"

„[…] vielleicht hängt das alles mit dem Verhalten der Figuren in dem Film zusammen … mit dem, was man eine undogmatische Betrachtungsweise des menschlichen Verhaltens nennen könnte. […] Ich meine, niemand ist bloß das eine oder das andere. Alle sind voller Widersprüche, und sie leben nicht in einer Welt, die sauber in gute und böse Menschen aufgeteilt ist."

„Meine Bücher sind übrigens niemals zynisch: Sie sind voller Hoffnung."

III. The film

1. Possible types of shot

In a film the camera often has the function of the narrator in a story. We can even say that films have their own „language". Basically a camera can show something from far away or from close up. The nearer the camera is to an object or a person the bigger it is in the picture. It depends on the choice of camera position and the size or scale of the picture what the viewer will see and how he will be drawn into the action of the film:

1. extreme long shot (*Weit*): the wide open space of the landscape is shown in a way that the individual is lost in it. These shots often have a symbolic function. Think of film-endings when the lonely hero rides off into the sunset.

 DISTANCE

2. long shot (*Totale*): this shot gives an overview of the setting and of what is going on. It describes and gives an impression of the whole. Often used at the beginning of a film.

 DESCRIPTION

3. full shot (*Halbtotale*): Shows a great part of the setting which gets more important. The characters are shown fully. This helps the viewer to get a sense of orientation.

 ORIENTATION

4. medium shot (*Halbnah*): The action of the characters is more noticeable. It shows the character or characters from the head down to the thighs or knees. Gestures are more important than facial expressions. The immediate surroundings play a role, too. Used to narrate, i. e. „tell" the action of the film.

 NARRATION

5. close-up (*Nah*): this shot shows about one third of the character's total height. Facial expressions and gestures are of great importance. The viewer is no longer a neutral onlooker, but is emotionally drawn into the action because he can identify with the character(s).

 EMOTION

6. extreme close-up (*Groß*): the whole head is shown down to the neck or shoulders and every facial movement, every blink of the eye or twitch of the mouth is of importance and has meaning. These shots have a psychological function.

 PSYCHOLOGY

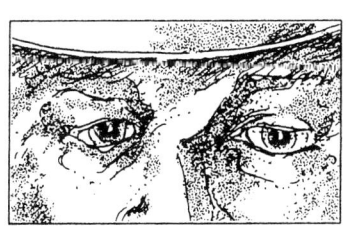

7. detail (*Detail*): a further heightening of the effect of an extreme close-up. Only small details of a character or object are shown. The eyes, the mouth, a finger pulling the trigger of a gun etc. This creates suspense, captivates the viewer and has a dramatizing effect.

 DRAMATIZATION

2. Watching the film

Now that you have read the whole film-script and have also acquainted yourself with the types of shot that can be used in a film and with the functions they can have, you are ready to watch the film, or movie as they say in the USA. You will probably be glad to be able to lean back and enjoy the film. That's fine. Still you shouldn't be too passive a viewer! Keep a notepad and a pencil ready so you can take notes:

Task:
When a film is made a lot of changes can still occur both on the set, and later in the cutting room when the material is edited. Consequently the script and the final version of the film hardly ever match completely.
– Take notes of the most obvious differences between film and script. Discuss these divergences. What may have been the reason for making them? What do *you* think of them? Do they improve the film or do you perhaps prefer the version in the script?
– What do you think of the representation of the characters? Do they match your imagination? Which are your most favourite and least favourite character(s)? Why?
Discuss.
– How do you see the role of the music used in the film? Where is it used? What kind of music is used? If you compare it to the role of the music in other films you have seen, how would you rate its significance?

3. Shots from the film

As you will realize, the following shots are all from the film that you have just watched.

Task:
a) Write down what type of shot it is (compare page).
b) In which scene was it used? (page in script?)
c) Try to explain why the director and the cameraman decided on this type of shot at that point? What may be its function here?

1.

a)_____

b)_____

c)_____

_____

_____

2.

a)_____

b)_____

c)_____

_____

_____

3.

a)_____

b)_____

c)_____

_____

_____

4.

a)_____

b)_____

c)_____

_____

_____

5.

a)_____

b)_____

c)_____

_____

_____

Look for other types of shot used in the film and explain their function.

_____

_____

_____

_____

4. The film poster

Films may be true works of art, but that certainly isn't their only function. The people who produce films want to make money, of course, and advertise their products in order to sell them.

Task:

Imagine you are in a video shop and want to rent a film for the weekend. You come across the video cassette (pictured here) of a film you do not know.
– Describe how the cover is made up. What do you see? What are its constituent parts?
– Discuss the expectations you would have if you did not know anything about Paul Auster and the film. What is obviously the concept behind this film poster? What is it that perhaps would make someone buy or rent it?

107

5. Film as a medium

The following is an extract from an interview Paul Auster gave to Annette Insdorf, the head of the Film Division of Columbia University's School of the Arts, where he makes some interesting comments about film as a medium:

[...]

Annette Insdorf: Did you do any sort of special preparation? Did you read scripts? Did you start watching movies with a different eye toward construction?

Paul Auster: I looked at some scripts, just to make sure of the format. How to number the scenes, moving from interiors to exteriors, that kind of thing. But no real preparation – except a lifetime of watching movies. I've always been drawn to them, ever since I was a boy. It's the rare person in this world who isn't, I suppose. But at the same time, I also have certain problems with them. Not just with this or that particular movie, but with movies in general, the medium itself.

Annette Insdorf: In what way?

Paul Auster: The two-dimensionality, first of all. People think of movies as "real," but they're not. They're flat pictures projected against a wall, a simulacrum of reality, not the real thing. And then there's the question of the images. We tend to watch them passively, and in the end they wash right through us. We're captivated and intrigued and delighted for two hours, and then we walk out of the theater and can barely remember what we've seen. Novels are totally different. To read a book, you have to be actively involved in what the words are saying. You have to work, you have to use your imagination. And once your imagination has been fully awakened, you enter into the world of the book as if it were your own life. You smell things, you touch things, you have complex thoughts and insights, you find yourself in a three-dimensional world.

Annette Insdorf: The novelist speaks.

Paul Auster: Well, needless to say, I'm always going to come down on the side of books. But that doesn't mean movies can't be wonderful. It's another way of telling stories, that's all, and I suppose it's important to remember what each medium can and can't do ... I'm particularly attracted to directors who emphasize telling stories over technique, who take the time to allow their characters to unfold before your eyes, to exist as full-fledged human beings.

Task:

That Paul Auster, the novelist, will always "come down on the side of the books" is not surprising. But what about you? How do you feel about the "passive" entertainment of the "two-dimensional" world of films compared to the "active" involvement in the "three-dimensional" world of books?

– Make a short list of your three favourite films and of your three favourite novels. Try to find out why they are your favourites. What is it that makes a good film or a good book in *your* opinion? Discuss your findings.

– Auster says that he prefers directors who "emphasize telling stories over technique". Where and how does this become obvious in *Smoke*? How did you experience that fact while watching the film? If *Smoke* is different from the films you usually see, try to pinpoint what these differences are.

IV. Eigene Gestaltungsversuche

„Auster" ist „in". An den Schulen wird er mehr und mehr gelesen. An den Universitäten beschäftigen sich viele Studentinnen und Studenten mit ihm. Die Verlage, die seine Bücher verlegen, werben mit ihm. Das Publikum, das seine Werke „nur so" liest, weil es von ihnen fasziniert ist, wird auch in Deutschland immer größer. Habt ihr nicht Lust, via Internet mit anderen Auster-Lesern und Leserinnen in Kontakt zu treten? Die Homepage eurer Schule könnte eure Produkte präsentieren.

1. Buch- oder Filmkritik schreiben

Stell dir vor, der Leser bzw. die Leserin deines Artikels hat noch keine Ahnung von *Smoke*. Wie man eine Buch-/Filmkritik schreibt? Besorgt euch Buch- oder Filmbesprechungen aus Tageszeitungen, lest sie und findet heraus, aus welchen Teilen sie bestehen, was ihr an ihnen gut und nachahmenswert und was ihr weniger gut gelungen findet. Im Übrigen habt ihr in den vergangenen Jahren sicher schon öfter Bücher vorgestellt und ihr wisst, worauf es ankommt.

2. Buchumschlag oder Videokassettencover gestalten

Stell dir vor, du sollst für eine Taschenbuchausgabe von *Smoke* den Umschlag entwerfen bzw. den Behälter der Videokassette des Films gestalten. Das macht zu zweit übrigens viel mehr Spaß als allein, weil viele Entscheidungen anstehen, die im Gespräch leichter zu fällen sind. Überlegt euch vorab:

– Was zeichnet gute Buch-/Kassettenhüllen aus: aus der Sicht des Verlegers? aus der Sicht des Käufers?
– Was zeigt gewöhnlich die Vorderseite, was die Rückseite, was der Rücken?
– Welche Bilder wollt ihr verwenden?
– Welche Zitate wollt ihr verwenden?
– Welche Texte müssen selbst geschrieben werden?

Zur praktischen Umsetzung: Schneidet zunächst Bilder und Texte aus oder scannt sie ein. Bei der Gestaltung dürft ihr nicht vergessen:

– Beachtet das übliche Format.
– Diskutiert verschiedene farbliche Gestaltungsmöglichkeiten.
– Welche Schrifttypen passen am besten?
– Habt ihr auch keine der drei zu gestaltenden Flächen vergessen?

3. Neue Texte ins Drehbuch montieren

In Aufgabe 3 auf S. 95 („Szenische Lesung") habt ihr schon einmal Textausschnitte laut und gestaltend gelesen. Bei der folgenden Übung erweitert ihr eine von euch gewählte Szene um Texte, welche die Gedanken der Figuren wiedergeben. Schreibt solche Gedanken selbst – es können längere Ausführungen oder nur kurze „Zwischenrufe" sein – nehmt sie mit dem Kassettenrecorder auf und spielt sie während eures szenischen Lesens an den entsprechenden Stellen ein. Auch „Überblendungen" sind möglich.

Experimentiert mit Stimmlage (die Gedanken einer Figur müssen nicht von ein und derselben Person gesprochen werden), Lautstärke usw. Überlegt auch, dass ein Text umso reizvoller wird, wenn Worte und Gedanken nicht genau das Gleiche ausdrücken.

Versucht euch an Szene 45 (der zurückhaltende Paul und der pfiffige Rashid laden April zum Abendessen ein).

4. Lebende Bilder stellen

Ein „lebendes Bild" zeigt Personen in einer eingefrorenen Bewegung, vergleichbar dem Standbild eines Films. Stellt in einer Kleingruppe solche stummen Bilder und lasst dann eure Mitschülerinnen und Mitschüler raten, welche Szene gemeint ist.

Außer den Darstellern und Darstellerinnen sollte ein „Regisseur/eine Regisseurin" bei der Gestaltung des Bildes mitwirken. Im Laufe der Arbeit an eurem Standbild solltet ihr in der Gruppe diskutieren, welche Körperhaltung, welche Geste und welcher Gesichtsausdruck besonders ausdrucksstark und typisch sind.

5. Eine Fotoserie aufnehmen

Was Auggie mit der Kamera kann, müsstet ihr doch eigentlich auch können, es muss ja nicht zwölf Jahre dauern!

Also: Stellt einen Fotoapparat auf ein Stativ hinter ein Fenster eurer Schule, möglichst im ersten Stock. Je höher die Kamera postiert wird, desto größer ist der Blickwinkel auf den Schulhof oder auf die Straße vor dem Haupteingang. Wählt eine Uhrzeit, zu der viele Personen unterwegs sind, z.B. die große Pause oder 5 Minuten vor Unterrichtsbeginn.

Gewissenhaft müsst ihr nun jeden Tag zur gleichen Zeit ein Bild „schießen", auch am Wochenende und zur Ferienzeit (das kann man programmieren). Klebt eure Fotoserie, mit Daten versehen, in eine Reihe und diskutiert, ob ihr Auggies Gedankengänge anhand eures Materials nachvollziehen könnt. Schreibt für die Präsentation im Internet einen Text, in dem ihr eure Fotoserie erläutert: Was habt ihr da getan? Warum? Welchen Sinn verbindet ihr mit den Fotos?

113

6. Ein eigenes Drehbuch schreiben

Natürlich erwartet niemand von euch, dass ihr ein ganzes Spielfilm-drehbuch verfasst. Erinnert euch jedoch mal an die Szenen 1 und 2: Viel geschieht nicht, aber der Leser bzw. die Leserin bekommt ein lebendiges Bild von der Atmosphäre in einem kleinen Tabakladen im New Yorker Stadtviertel Brooklyn.

Kennt ihr nicht auch einen kleinen Laden in eurem Viertel, z.B. einen Tante-Emma-Laden, ein Zeitungsgeschäft, ein Stehcafé, einen Kiosk, in dem die Leute auch noch plaudern und nicht nur das Geld zur Kasse schieben? Ist nicht auch der Pausenstand in eurer Schule so ein Treff-punkt, wo unterschiedliche Personen – Schüler, Schülerinnen, Lehr-kräfte, Hausmeister usw. – ein paar Worte wechseln?

Entwerft das Drehbuch für eine Szene, in der eine typische Situation an so einem Ort eingefangen ist. Ganz wichtig: Besondere Bedeutung kommt den Kameraeinstellungen zu, denn auf diese Weise können auch Gegenstände „mitspielen", z.B. die Zeiger der Schuluhr. Auch andere Regieanweisungen, etwa zur Kleidung der Figuren, sind wichtig.

Anhang

Paul Auster: Auggie Wrens Weihnachtsgeschichte

Ich habe diese Geschichte von Auggie Wren gehört. Da Auggie darin keine allzu gute Figur macht, jedenfalls keine so gute, wie er es gerne hätte, hat er mich gebeten, seinen richtigen Namen zu verschweigen. Im Übrigen aber entspricht die ganze Sache mit der verlorenen Brieftasche und der blinden Frau und dem Weihnachtsessen genau dem, was er mir erzählt hat. 5

Auggie und ich kennen uns jetzt seit fast elf Jahren. Er arbeitet als Verkäufer in Brooklyn, und da dies der einzige Laden ist, der die kleinen holländischen Zigarren führt, die ich so gerne rauche, komme ich ziemlich oft dort vorbei. Lange Zeit habe ich kaum einen Gedanken an Auggie Wren verschwendet. Für mich war er nur der seltsame kleine Mann im blauen Sweat- 10 shirt mit Kapuze, der mir Zigarren und Zeitschriften verkaufte, der schelmische, witzelnde Typ, der immer etwas Komisches über das Wetter, die Mets oder die Politiker in Washington zu sagen hatte, und das war auch schon alles.

Aber dann blätterte er vor einigen Jahren eines Tages in seinem Laden eine 15 Zeitschrift durch und stieß dabei zufällig auf eine Rezension eines meiner Bücher. Dass ich es war, sagte ihm ein Foto neben der Rezension, und danach änderten sich die Dinge zwischen uns. Ich war für Auggie nicht mehr nur ein Kunde unter anderen, ich war zu einem Mann von Rang geworden. Die meisten Leute hatten keinerlei Interesse an Büchern und Schriftstellern, 20 aber wie sich herausstellte, hielt Auggie sich selbst für einen Künstler. Nachdem er das Rätsel um meine Person geknackt hatte, begrüßte er mich wie einen Verbündeten, einen Vertrauten, einen Kampfgenossen. Mir war das, ehrlich gesagt, ziemlich peinlich. Und dann kam fast unvermeidlich der Augenblick, da er mich fragte, ob ich bereit sei, mir seine Fotografien anzu- 25 sehen. In Anbetracht seiner Begeisterung und seines guten Willens brachte ich es einfach nicht übers Herz, nein zu sagen.

Weiß Gott, was ich erwartet habe. Auf alle Fälle nicht das, was Auggie mir dann am nächsten Tag gezeigt hat. In einem kleinen fensterlosen Hinterzimmer des Landes öffnete er eine Pappschachtel und zog zwölf völlig gleich 30 aussehende schwarze Fotoalben daraus hervor. Dies sei sein Lebenswerk, sagte er, und er brauche nicht mehr als fünf Minuten am Tag dafür. In den letzten zwölf Jahren habe er jeden Morgen um Punkt 7 Uhr an der Ecke Atlantic Avenue und Clinton Street gestanden und jeweils aus genau demselben Blickwinkel ein Farbfoto aufgenommen. Das Projekt umfasste inzwi- 35 schen über viertausend Fotografien. Jedes Album repräsentierte ein anderes

Jahr, und sämtliche Bilder waren der Reihe nach eingeklebt, vom 1. Januar bis zum 31. Dezember, und unter jedes einzelne war sorgfältig das Datum eingetragen.

40 Als ich in den Alben herumblätterte und Auggies Werk zu studieren begann, wusste ich gar nicht, was ich denken sollte. Anfangs hatte ich den Eindruck, dies sei das Seltsamste, das Verblüffendste, was ich je gesehen hatte. Die Bilder glichen sich aufs Haar. Das ganze Projekt war ein betäubender Angriff von Wiederholungen, wieder und wieder dieselbe Straße und dieselben
45 Gebäude, ein anhaltendes Delirium redundanter Bilder. Da mir nichts dazu einfiel, schlug ich erst einmal weiter die Seiten um und nickte voll geheuchelter Anerkennung. Auggie schien ungerührt, er sah mir mit breitem Lächeln zu, aber nachdem ich ein paar Minuten so herumgeblättert hatte, unterbrach er mich plötzlich und sagte: „Sie sind zu schnell. Wenn Sie nicht
50 langsamer machen, werden Sie nie dahinter kommen."
Er hatte natürlich Recht. Wer sich keine Zeit zum Hinsehen nimmt, wird niemals etwas sehen. Ich nahm ein anderes Album und zwang mich, bedächtiger vorzugehen. Ich achtete genauer auf Einzelheiten, bemerkte den Wechsel des Wetters, registrierte die mit dem Fortschreiten der Jahreszeiten sich
55 ändernden Einfallswinkel des Lichts. Schließlich vermochte ich subtile Unterschiede im Verkehrsfluss zu erkennen, den Rhythmus der einzelnen Tage vorauszuahnen (das Gewühl an Werktagen, die relative Ruhe der Wochenenden, den Kontrast zwischen Samstagen und Sonntagen). Und dann begann ich ganz allmählich die Gesichter der Leute im Hintergrund zu erkennen, die
60 Passanten auf dem Weg zur Arbeit, jeden Morgen dieselben Leute an derselben Stelle, wie sie einen Augenblick ihres Lebens im Blickfeld von Auggies Kamera verbrachten.
Sobald ich sie wieder erkannte, begann ich zu erforschen, wie ihre Haltungen von einem Morgen zum anderen wechselten; ich versuchte aus diesen
65 oberflächlichen Anzeichen auf ihre Stimmungen zu schließen, als ob ich mir Geschichten für sie ausdenken könnte, als ob ich in die unsichtbaren, in ihren Körpern eingeschlossenen Dramen eindringen könnte. Ich nahm mir ein anders Album vor. Jetzt war ich nicht mehr gelangweilt, nicht mehr verwirrt wie am Anfang. Auggie fotografierte die Zeit, wurde mir klar, sowohl
70 die natürliche Zeit als auch die menschliche Zeit, und dies bewerkstelligte er, indem er sich in einem winzigen Winkel der Welt postierte und ihn in Besitz nahm, einfach indem er an der Stelle, die er sich erwählt hatte, Wache hielt. Auggie sah mir zu, wie ich mich in sein Werk vertiefte, und lächelte vergnügt in sich hinein. Und dann zitierte er, schier als hätte er meine Gedanken
75 danken gelesen, eine Zeile aus Shakespeare: „Morgen, morgen und dann wieder morgen", murmelte er leise, „kriecht so mit kleinem Schritt die Zeit von Tag zu Tag." Und da begriff ich, dass er ganz genau wusste, was er da tat.

Das war vor mehr als zweitausend Bildern. Seit jenem Tag haben Auggie und ich oft über sein Werk diskutiert, aber erst letzte Woche habe ich erfahren, wie er überhaupt an seine Kamera gekommen ist und mit dem Fotografieren angefangen hat. Darum ging es in der Geschichte, die er mir erzählte, und ich versuche mir noch immer einen Reim darauf zu machen.

Etwas früher in derselben Woche rief mich jemand von der *New York Times* an und fragte, ob ich bereit sei, für die Weihnachtsausgabe dieser Zeitung eine Short Story zu schreiben. Spontan sagte ich nein, aber der Mann war sehr charmant und hartnäckig, und am Ende des Gesprächs sagte ich ihm zu, dass ich es versuchen würde. Kaum hatte ich jedoch den Hörer aufgelegt, geriet ich in helle Panik. Was wusste ich schon von Weihnachten?, fragte ich mich. Was wusste ich von auf Bestellung geschriebenen Kurzgeschichten? Die nächsten Tage verbrachte ich in Verzweiflung, rang mit den Geistern von Dickens, O'Henry und anderen Meistern der weihnachtlichen Stimmung. Schon der Ausdruck „Weihnachtsgeschichte" war für mich mit unangenehmen Assoziationen verknüpft, ich konnte dabei nur an grässliche Ergüsse von heuchlerischem Schmalz und süßlichem Kitsch denken. Selbst die besten Weihnachtsgeschichten waren nicht mehr als Wunscherfüllungsträume, Märchen für Erwachsene, und ich wollte mich hängen lassen, wenn ich mir jemals erlaubte, etwas Derartiges zu Papier zu bringen. Und doch, wie konnte sich irgendwer vornehmen, eine unsentimentale Weihnachtsgeschichte zu schreiben? Das war doch ein Widerspruch in sich, ein Ding der Unmöglichkeit, ein unlösbares Rätsel. Ebenso gut konnte man sich ein Rennpferd ohne Beine vorstellen oder einen Spatz ohne Flügel.

Ich kam nicht weiter. Am Donnerstag machte ich einen langen Spaziergang, ich hoffte, an der frischen Luft einen klaren Kopf zu bekommen. Kurz nach Mittag trat ich in das Zigarrengeschäft, um meinen Vorrat wieder aufzufüllen, und Auggie stand wie immer hinter dem Ladentisch. Er erkundigte sich nach meinem Befinden. Ohne es eigentlich zu wollen, schüttelte ich ihm plötzlich mein Herz aus. „Eine Weihnachtsgeschichte?", fragte er, nachdem ich fertig war. „Ist das alles? Wenn Sie mir ein Essen spendieren, mein Freund, erzähle ich Ihnen die beste Weihnachtsgeschichte, die Sie je gehört haben. Und ich garantiere, dass jedes Wort davon die reine Wahrheit ist."

Wir gingen den Block runter zu Jack's, einem engen und lärmenden Imbiss, wo es gute Pastrami-Sandwiches gab und alte Mannschaftsfotos von den Dodgers an den Wänden. Wir fanden hinten einen freien Tisch, bestellten unser Essen, und Auggie begann seine Geschichte.

„Es war im Sommer 72", sagte er. „Eines Morgens kam ein junger Bursche in den Laden und fing an zu stehlen. Er wird neunzehn oder zwanzig gewesen sein, und ich habe wohl in meinem ganzen Leben noch keinen so erbärmlichen Ladendieb gesehen. Er stand vor dem Taschenbuchregal an der

120 hinteren Wand und stopfte sich Bücher in die Taschen seines Regenmantels. Da gerade mehrere Leute an der Kasse standen, konnte ich ihn zunächst gar nicht sehen. Aber so bald ich merkte, was er da trieb, fing ich an zu schreien. Er nahm Reißaus wie ein Karnickel, und als ich endlich hinterm Ladentisch hervorkonnte, stürmte er bereits die Atlantic Avenue hinunter. Ich habe
125 ihn etwa einen halben Block weit verfolgt und es dann aufgegeben. Ich hatte keine Lust mehr, ihm nachzurennen, und da er unterwegs etwas hatte fallen lassen, bückte ich mich danach.

Es war seine Brieftasche. Geld war keins drin, dafür aber sein Führerschein und drei oder vier Schnappschüsse. Ich nehme an, ich hätte die Polizei holen
130 und ihn verhaften lassen können. Sein Name und seine Adresse standen auf dem Führerschein, aber irgendwie tat er mir Leid. Er war doch bloß ein mickriger kleiner Anfänger, und als ich mir die Bilder in seiner Brieftasche ansah, konnte ich einfach keine Wut auf ihn empfinden. Robert Goodwin. So hieß er. Auf einem der Bilder, erinnere ich mich noch, hatte er seine Mut-
135 ter oder Großmutter im Arm. Auf einem anderen war er als Neun- oder Zehnjähriger zu sehen, er saß da in einem Baseballdress und grinste breit vor sich hin. Ich habe es einfach nicht übers Herz gebracht. Jetzt war er vermutlich drogensüchtig, dachte ich mir. Ein armer, chancenloser Junge aus Brooklyn, und wen kümmerten schon ein paar läppische Taschenbücher?
140 Die Brieftasche habe ich jedenfalls behalten. Ab und zu hatte ich ein leises Bedürfnis, sie ihm zurück zu schicken, aber das habe ich immer wieder aufgeschoben und nie etwas unternommen. Dann wird es Weihnachten und ich sitze rum und habe nichts zu tun. Normalerweise lädt mich der Chef an diesem Tag zu sich nach Hause ein, aber in dem Jahr war er mit seiner Familie
145 zu Besuch bei Verwandten in Florida. Da sitze ich also an diesem Morgen in meiner Wohnung und bemitleide mich ein bisschen, und plötzlich sehe ich Robert Goodwins Brieftasche auf einem Regal in der Küche liegen. Ich denke, was zum Teufel, warum nicht ausnahmsweise mal was Nettes tun, ziehe meinen Mantel an und mache mich auf den Weg, die Brieftasche per-
150 sönlich zurückzugeben.

Die Adresse war in Boerum Hill, in irgendeiner der Siedlungen da. Es fror an diesem Tag, und ich weiß noch, dass ich mich auf der Suche nach dem richtigen Gebäude ein paar Mal verlaufen habe. In dieser Gegend sieht alles gleich aus, man läuft immer durch dieselbe Straße und denkt, man wäre
155 ganz woanders. Jedenfalls komme ich endlich zu der Wohnung, die ich suche, und drücke auf die Klingel. Tut sich nichts. Ich nehme an, es ist niemand zu Hause, versuche es aber zur Sicherheit noch einmal. Ich warte ein bisschen länger, und gerade als ich es aufgeben will, höre ich wen zur Tür schlurfen. Eine alte Frauenstimme fragt, wer da ist, und ich sage, ich möch-

te zu Robert Goodwin. ‚Bist du das, Robert?‘, fragt die alte Frau und dann ¹⁶⁰ schließt sie ungefähr fünfzehn Schlösser auf und öffnet die Tür.

Sie muss mindestens achtzig Jahre alt sein, vielleicht sogar neunzig, und als Erstes fällt mir an ihr auf, dass sie blind ist. ‚Robert‘, sagt sie. ‚Ich wusste, du würdest deine Oma Ethel zu Weihnachten nicht vergessen.‘ Und dann breitet sie die Arme aus, als ob sie mich an sich drücken will. ¹⁶⁵

Sie verstehen, ich hatte nicht viel Zeit zum Denken. Ich musste ganz schnell etwas sagen, und ehe ich wusste, wie mir geschah, hörte ich die Worte aus meinem Mund kommen. ‚Ja, Oma Ethel‘, sage ich. ‚Ich bin zurückgekommen, um dich an Weihnachten zu besuchen.‘ Fragen Sie mich nicht, warum ich das getan habe. Ich habe keine Ahnung. Vielleicht wollte ich sie nicht ¹⁷⁰ enttäuschen, was weiß ich. Es ist mir einfach so rausgerutscht, und plötzlich hat diese alte Frau mich vor ihrer Tür in die Arme genommen, und ich habe sie an mich gedrückt.

Dass ich ihr Enkel sei, habe ich nicht direkt gesagt. Jedenfalls nicht mit diesen Worten, aber sie hat es so aufgefasst. Ich wollte sie bestimmt nicht rein- ¹⁷⁵ legen. Das war wie ein Spiel, für das wir uns beide entschieden hatten – ohne erst über die Regeln zu diskutieren. Ich meine, diese Frau hat gewusst, dass ich nicht ihr Enkel Robert war. Sie war alt und klapprig, aber sie war nicht so weit weggetreten, dass sie den Unterschied zwischen einem Fremden und ihrem eignen Fleisch und Blut nicht gemerkt hätte. Aber es hat sie ¹⁸⁰ glücklich gemacht, so zu tun als ob, und da ich sowieso nichts Besseres zu tun hatte, habe ich gern mitgespielt.

Wir sind dann also rein und haben den Tag zusammen verbracht. Die Wohnung war ein richtiges Dreckloch, sollte ich vielleicht sagen, aber was kann man sonst auch von einer blinden Frau erwarten, die ihren Haushalt ganz al- ¹⁸⁵ leine macht? Immer wenn sie mich gefragt hat, wie es mir geht, hab ich gelogen und ihr erzählt, ich hätte einen guten Job in einem Zigarrenladen gefunden, ich würde demnächst heiraten und hundert andere nette Geschichten, und sie hat so getan, als ob sie mir jedes Wort glauben würde. ‚Wie schön, Robert, hat sie gesagt und lächelnd genickt. ‚Ich habe ja immer ge- ¹⁹⁰ wusst, dass du es zu etwas bringen würdest.‘

Nach einer Weile bekam ich ordentlich Hunger. Da nicht viel Essen im Haus zu sein schien, bin ich zu einem Laden in der Nähe gegangen und habe einen Haufen Zeug gekauft. Ein gekochtes Huhn, Gemüsesuppe, ein Eimerchen Kartoffelsalat, Schokoladenkuchen, alles Mögliche. Ethel hatte im Schlaf- ¹⁹⁵ zimmer ein paar Flaschen Wein versteckt und so konnten wir ein ganz ordentliches Weihnachtsessen auf die Beine stellen. Der Wein hat uns ein bisschen angeheitert, das weiß ich noch, und nach dem Essen haben wir uns ins Wohnzimmer gesetzt, weil die Sessel da bequemer waren. Ich musste mal pinkeln, also entschuldigte ich mich und ging durch den Flur zum Badezim- ²⁰⁰

mer. Und da nahmen die Dinge plötzlich eine andere Wendung. Meine kleine Nummer als Ethels Enkel war ja schon reichlich absurd, aber was ich dann als Nächstes tat, war absolut verrückt und ich habe mir das nie verziehen.

205 Ich komme also ins Bad und an der Wand gleich neben der Dusche sehe ich sechs oder sieben Kameras aufgestapelt. Nagelneue 35-Millimeter-Kameras, noch in der Verpackung, allerbeste Ware. Ich denke, das ist das Werk des echten Robert, ein Lagerplatz für seine letzte Beute. Ich habe noch nie in meinem Leben ein Foto gemacht und gestohlen habe ich auch noch nie

210 etwas, aber kaum sehe ich diese Kameras im Badezimmer, beschließe ich, dass eine davon mir gehören soll. Einfach so. Und ohne eine Sekunde nachzudenken, klemme ich mir eine der Schachteln unter den Arm und gehe ins Wohnzimmer zurück.

Ich kann höchstens drei oder vier Minuten weg gewesen sein, aber in dieser

215 Zeit war Oma Ethel in ihrem Sessel eingeschlafen. Zu viel Chianti, nehme ich an. Ich habe dann in der Küche an Abwasch gemacht und sie hat bei dem ganzen Lärm weiter geschlafen und geschnarcht wie ein Baby. Sie zu stören schien mir vollkommen überflüssig, also beschloss ich zu gehen. Ich konnte ihr noch nicht einmal einen Brief zum Abschied schreiben, schließlich

220 war sie ja blind, und so bin ich einfach gegangen. Die Brieftasche ihres Enkels ließ ich auf dem Tisch liegen, dann nahm ich die Kamera und ging aus der Wohnung. Und damit ist die Geschichte aus."

„Haben Sie die Frau noch mal besucht?", fragte ich.

„Einmal", sagte er. „Etwa drei oder vier Monate danach. Ich hatte ein so

225 schlechtes Gewissen wegen der Kamera, dass ich sie noch gar nicht benutzt hatte. Am Ende beschloss ich, sie ihr zurückzugeben, aber Ethel war nicht mehr da. Ich weiß nicht, was aus ihr geworden ist, aber es war jemand anders in die Wohnung eingezogen und der konnte mir nicht sagen, wo sie steckte."

230 „Wahrscheinlich ist sie gestorben."

„Tja, wahrscheinlich."

„Das heißt, sie hat ihr letztes Weihnachtsfest mit Ihnen verbracht."

„Anzunehmen. So habe ich das noch nie gesehen."

„Es war eine gute Tat, Auggie. Das war nett von Ihnen, ihr die Freude zu ma-

235 chen."

„Ich habe sie angelogen und dann habe ich sie bestohlen. Ich verstehe nicht, wie Sie das eine gute Tat nennen können."

„Sie haben sie glücklich gemacht. Und die Kamera war sowieso gestohlen. Sie haben sie jedenfalls nicht demjenigen weggenommen, dem sie wirklich

240 gehört hat."

„Alles für die Kunst, Paul, wie?"

120

„So würde ich das nicht ausdrücken. Aber zumindest haben Sie die Kamera für einen guten Zweck verwendet."

„Und Sie haben jetzt Ihre Weihnachtsgeschichte, stimmt's?"

„Ja", sagte ich. „Ich glaube schon." 245

Ich unterbrach mich kurz und sah, dass Auggies Lippen sich zu einem boshaften Lächeln verzogen. Ich konnte nicht sicher sein, aber sein Blick war in diesem Moment so rätselhaft, leuchtete so hell von irgendeinem innerlichen Vergnügen, dass mir der Gedanke kam, er könnte die ganze Geschichte erfunden haben. Ich wollte ihn schon fragen, ob er mich auf den Arm genommen habe, erkannte dann aber, dass er mir das nie verraten würde. Er hatte mich dazu gebracht, ihm zu glauben, und das war das Einzige, was zählte. So lange auch nur ein Mensch daran glaubt, gibt es keine Geschichte, die nicht wahr sein kann. 250

„Sie sind ein Ass, Auggie", sagte ich. „Danke, dass Sie mir geholfen haben." 255

„Gern geschehen", antwortete er und sah mich noch immer mit diesem irren Leuchten in den Augen an. „Was für Freunde sind das denn, wenn man seine Geheimnisse nicht mit ihnen teilen kann?"

„Dann stehe ich jetzt in Ihrer Schuld."

„Aber nein. Schreiben Sie es einfach auf, wie ich es Ihnen erzählt habe, und damit sind wir quitt." 260

„Bis auf das Essen."

„Stimmt. Bis auf das Essen."

Ich erwiderte Auggies Lächeln, rief dann nach dem Kellner und bat um die Rechnung. 265

Tom Waits: Innocent when you dream

The bats are in the belfry
the dew is on the moon
where are the arms that held me
and pledged her love before
and pledged her love before

Chorus
It's such a sad old feeling
the fields are soft and green
it's memories that I'm stealing
but you're innocent when you dream
when you dream
you're innocent when you dream

Running through the graveyard
we laughed my friends and I
we swore we'd be together
until the day we died
until the day we died

Repeat Chorus
I made a golden promise
that we would never part
I gave my love a locket
and then I broke her heart
and then I broke her heart

Repeat Chorus

121

Turkish Letters
A Fan's note

Toward the end of August, mysterious handwritten flyers started showing up on lampposts in Park Slope, Brooklyn. "To Mr. PAUL AUSTER," the flyers read. "I have been wondering up and down the Park Slope, with a pack of Turkish cigars I brought over for you, expecting to run into you. But it seems that this method isn't going to work. So, if you read this message, could you please contact me from engtur@hotmail.com, even if you don't wish to accept my humble gift. Thanks, E. Türkgeldi."

The note was the work of one Engin Türkgeldi, a twenty-year-old medical student and aspiring writer who came to New York for the summer to visit his brother – and to track down Auster, the novelist, who lives in Park Slope. "I dreamed of meeting him somehow," Türkgeldi explained recently, in hurried English. He has long brown hair, olive skin, and smoky, deep-set eyes. "I didn't imagine a long conversation, but maybe just I would run into him, tell him I was from Turkey, thank him, and hand him some cigars. And that would be enough for me!"

Türkgeldi arrived in mid–July and, guessing that Auster was out of town, bided his time. "I knew he went to VAIR-mun," Türkgeldi said. "He's always talked about this VAIR-mun place." (A pause. "V-e-r-m-o-n-t," he explained.)

At the end of August, Türkgeldi began searching for Auster on foot. He took a picture of the corner of Seventh Avenue and Third Street, the fictional location of the cigar shop in the film "Smoke", which Auster wrote; he wandered down as far as Sixteenth Street, where the movie was filmed; and he humped it all this way back to Flatbush Avenue, a thirty-five-block trek. He walked this circuit for two days straight. "It's not really clear that you can just take a cigar and expect to run into somebody you're looking for," he said. "But I just felt like, maybe, a Paul Auster character. I just expected" – as any loyal Auster reader would – "that some coincidence would happen."

But it soon became clear to Türkgeldi that the real Brooklyn wasn't like the Brooklyn in a Paul Auster book. "I started getting hopeless," he said. That's when he came up with the idea of putting his letter on lampposts. After a few days, Auster noticed them and was intrigued. Lacking an E-mail adress of his own ("I just don't want to be in touch with everyone so closely," he said), he stopped in at Park Slope's Community Book Store and asked the store to E-mail Türkgeldi with a request that the cigars be left for him there. As soon as Türkgeldi got the message, he dropped off the cigars, along with a letter. Auster said, from his home, "What I admired about the way he approached me was the discretion of it, respecting the shyness of a writer, and making a very kind gesture at the same time. That's why I answered him – in my own quiet way. I hope we'll continue to keep a correspondence going."

Türkgeldi understands this shyness. In the past year, he submitted five stories to a respected Turkish literary magazine (and got published), but he doesn't want anyone to know about it. "Nobody in my family knows," he said over the phone. "I told only people who won't laugh. I'm just doing this in conspiracy. I mean, I write at night." He lowered his voice. His brother was in the next room. "He thinks I'm talking to a friend in Washington, D.C." He asked me not to reveal his secret. "I'm not ready yet," he whispered.

Rick Perlstein

Kommentar für Lehrerinnen und Lehrer

Liebe Kolleginnen und Kollegen,

fast alle von uns meinen, dass es sinnvoll und wünschenswert wäre, fächerverbindend zu arbeiten. Teilweise schreiben die Lehrpläne eine solche Zusammenarbeit mit dem Ziel von Synergieeffekten ja auch ausdrücklich vor. Warum geschieht sie dann doch in der Praxis so selten? Wahrscheinlich aus Furcht vor dem zeitlichen und fachlichen Koordinationsbedarf. Diese Angst können wir Ihnen nehmen.

Mit dem vorliegenden Heft haben Sie Material an der Hand, das es Ihnen völlig unkompliziert ermöglicht, die Fächer Deutsch und Englisch zu verbinden. (Zusätzlich ist nur noch die im Handel oder bei Landesmedienstellen erhältliche Videokassette mit dem Originalfilm zu besorgen.) Das Modell ist aus unserem eigenen Unterricht entstanden und hat sich bereits mehrfach bewährt. Dabei handelt es sich um

- eine Kooperation, bei der sich die Fächer wechselseitig unterstützen und sinnvoll ergänzen, egal ob Deutsch und Englisch nun von einer einzigen oder von zwei Lehrkräften unterrichtet werden,
- Texte, die literarisch bedeutend und anspruchsvoll sind, aus der Gegenwart stammen, Themen behandeln, die Jugendliche unmittelbar ansprechen, und Mut zum Leben machen,
- eine Sequenz, welche die Lektüre einer Ganzschrift, Medienerziehung und kreatives Schreiben integriert,
- eine Unterrichtseinheit, die nicht übermäßig lange dauert (wir brauchten vier Wochen),

– eine Sache, die auch den Lehrkräften Spaß machen kann, weil nicht zuletzt durch die ungewöhnliche Fächerverknüpfung und das ausgefallene Thema neue Wege beschritten werden.

Unser Heft besteht aus vier Kapiteln, die in folgender Abfolge in den Fächern behandelt werden sollten:

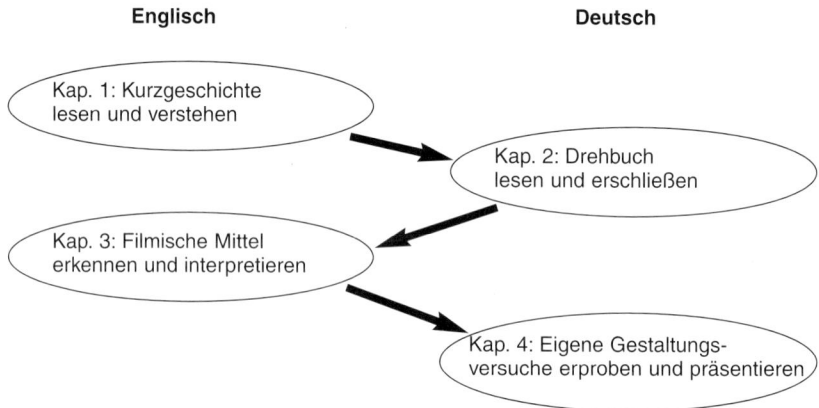

Englisch

Deutsch

Kap. 1: Kurzgeschichte
lesen und verstehen

Kap. 2: Drehbuch
lesen und erschließen

Kap. 3: Filmische Mittel
erkennen und interpretieren

Kap. 4: Eigene Gestaltungs-
versuche erproben und präsentieren

Das Arbeitsheft ist so angelegt, dass Sie es auch ausschließlich im Deutschunterricht verwenden können. Bei der Bearbeitung von Kap. I hilft Ihnen die Tatsache, dass die short story im Anhang in deutscher Übersetzung vorliegt.

Wir wünschen Ihnen auf jeden Fall viel Freude und Erfolg bei der Auseinandersetzung mit „Smoke". Wir meinen, dass die unbestreitbare Stärke der Texte und des Films darin liegt, dass Probleme von Jugendlichen angesprochen werden und dabei eine lebensbejahende Grundhaltung eingenommen wird. Dass die Schülerinnen und Schüler ermutigt werden, sich – wie die Personen in „Smoke" – ihren inneren und äußeren Konflikten zu stellen, geduldig, tolerant und sozial zu sein, erscheint uns heutzutage notwendiger denn je.

Die Autoren

Textquellenverzeichnis

S. 13:   Paul Auster: Auggie Wren's Christmas story from: SMOKE and BLUE IN THE FACE – two films by Paul Auster. Miramax Books/Hyperion, New York 1995, S. 151 ff. © 1990 by Paul Auster. Reprinted with permission of the Carol Mann Agency, New York

S. 21:   Preface by Wayne Wang from: SMOKE and BLUE IN THE FACE – two films by Paul Auster. Miramax Books/Hyperion, New York 1995, S. VII f. Reprinted with permission of the Carol Mann Agency, New York

S. 101:   Zitate aus einem Interview mit Paul Auster, aus: SMOKE und BLUE IN THE FACE – zwei Filme von Paul Auster. Rowohlt Taschenbuch Verlag, Reinbek 1995, S. 30, 21 f., 28, 28, 30

S. 92, 98, 100, 101: Zitate aus Paul Auster/Gérard de Cortanze: Die Einsamkeit des Labyrinths. Betrachtungen und Gespräche. Deutsch von Monika Cagliesi-Zenkteler. Rowohlt Taschenbuch Verlag, Reinbek 1999, S. 118, 117, 75, 95

S. 108:   Interview Annette Insdorf with Paul Auster from: SMOKE and BLUE IN THE FACE – two films by Paul Auster. Miramax Books/Hyperion, New York 1995, S. 3, 5 f.

S. 115:   Paul Auster: Auggie Wrens Weihnachtsgeschichte aus: SMOKE und BLUE IN THE FACE – zwei Filme von Paul Auster. Rowohlt Taschenbuch Verlag 1995, S. 152–162. © 1990 by Paul Auster

S. 122:   Rick Perlstein: Turkish Letters – A Fan's note. The New Yorker, September 25, 2000

Bildquellenverzeichnis

S. 5, 20 oben, 94, 105, 106: Szenenfotos aus dem Film SMOKE: © Lorey
    Sebastian
S. 6:   Weihnachtskarte „Merry Christmas" o. Quelle
S. 7 oben: Weihnachtsstern „A Joyful Christmas" o. Quelle
S. 7 Mitte: Foto: ©Mauritius, Stuttgart
S. 7 unten: Foto: ©dpa, Frankfurt/M.
S. 8:   Foto: ©dpa, Frankfurt/M.
S. 10 oben: Weihnachtskarte „Season Greetings" o. Quelle
S. 10 unten: Foto: ©Mauritius, Stuttgart
S. 11:   Weihnachtskarte „Merry Christmas" o. Quelle
S. 12:   „Father Christmas" © 1973 by Raymond Briggs. Hamish Hamilton,
    London
S. 20 unten: Foto: © Lorey Sebastian
S. 90:   Subway Map von New York (Ausschnitt). © 1993 New York City,
    Transit Authority
S. 91:   Fotos: ©Das Fotoarchiv/Jochen Tack/Essen
S. 93:   Foto: Reinhard Schult, Waiblingen
S. 98:   Foto: © Daniel Auster
S. 100:   Foto: © Ashkan Sahihi
S. 102 f.: Illustrationen: Knut Hickethier, Berlin
S. 107:   Cover der Videokassette SMOKE: © Miramax Films International, Los
    Angeles
S. 110, 112, 113: Fotos: Karoline Schierhorn, Friedeburg

Hinweis: Nicht in allen Fällen war es uns möglich, den uns bekannten
Rechteinhaber der Abbildungen ausfindig zu machen. Berechtigte An-
sprüche werden selbstverständlich im Rahmen der üblichen Vereinbarungen
abgegolten.

Weitere „Werkstatt Literatur"-Hefte zum produktiven Umgang mit Texten und Themen

Joachim Fritzsche:

Schreibwerkstatt

Schreibaufgaben, -übungen, -spiele

Klasse 5–10

Vielfältige Anregungen zum kreativen Schreiben: 35 Aufgaben und Spiele laden zum Entwerfen von Geschichten und Gedichten ein. Methodisch-didaktische Erläuterungen geben Orientierungen für den Einsatz im Unterricht; Beispieltexte von Schülern illustrieren den möglichen Erwartungshorizont.

Klettbuch 30635

Alexander Bertsch/Hartmut Merkt:

Verseschmiede – Spielerischer Umgang mit Gedichten

Klasse 5–7

Bei dieser Einführung in die Verslehre steht – im Gegensatz zur traditionellen analytischen Gedichtbetrachtung – das eigene Verseschmieden im Vordergrund. Eine lustige Story führt durch den Kursus.

Klettbuch 30622

Albrecht Schau:

Szenisches Interpretieren im Unterricht

Klasse 5–10

Mit Literatur einmal anders umgehen. Gedichte, Erzählungen und andere Texte erschließen und verstehen, indem die Texte „in Szene gesetzt" werden.

Klettbuch 30637

Ingo Scheller:

Friedrich Schillers „Wilhelm Tell" – szenisch interpretiert

Ab Klasse 8

Der Band enthält den vollständigen Text und macht zahlreiche Vorschläge, wie dieses Drama mit Mitteln des szenischen Spiels interpretiert werden kann. Er stellt anschauliches Bild- und Textmaterial für das Verstehen historischer Hintergründe zur Verfügung und skizziert detailliert, wie sich Schülerinnen und Schüler durch Rollenschreiben, Rollengespräche, Standbilder, Szenisches Lesen und Szenisches Spiel einen Zugang erarbeiten können.

Klettbuch 30638

Angelika Kriege-Endell:

Balladen – hören, spielen, verstehen

Ab Klasse 7

Inhaltlich und formal wird das Spektrum von der klassischen Ballade bis zu Balladenvarianten moderner Liedermacher abgedeckt. Unterschiedliche Vorgehensweisen und Interpretationshilfen in einer beeindruckenden Methodenvielfalt.

Klettbuch 30628
Hörspielkassette, 38 min.
Klettnr. 306281

Bolko Bullerdiek:

Einmischungen

Anregungen zu einem produktiven Umgang mit Lyrik und kurzer Prosa

Ab Klasse 9

Hier geht es darum, an repräsentativen Beispielen die Vielfalt literarischer Ausdrucksformen zu erkennen. Zahlreiche Methoden werden gezeigt, die durch den spielerischen Umgang mit dem Wort ermutigen, selbst zu schreiben, literarische Vorlagen umzugestalten oder zu variieren.

Klettbuch 30624

Yvonne Dettmer/Hans-Dieter List:

sagenhaft

Sagen auf der Spur – lesend, gestaltend, inszenierend

Ab Klasse 5

Neugierig machen auf Sagen aus verschiedenen Regionen Deutschlands: Das Heft bietet vielfältige Anregungen kreativ-handelnd mit Sagentexten umzugehen. Aufgabenkarten und Infobögen zum Kopieren und Ausschneiden laden zur Freiarbeit ein.

Klettbuch 30645

Christina Dieterle/Ute-Ena Iaconis:

„Und keiner schaut hin"

Szenische Zugänge zu Texten über Gewalt

Ab Klasse 7

Wie man sich dem Thema Gewalt ichnah, handlungsorientiert und szenisch deutend nähern kann, wird in diesem Heft an einer Auswahl von unterschiedlichsten Texten und Bildern aufgezeigt. Praktische Übungen zur szenischen Interpretaton und zum kreativen Schreiben berücksichtigen die Perspektiven von Opfer, Täter und Zeugen und auch eigene Erfahrungen. Szenisches Spiel selbst kann Beispiel sein für einen gewaltfreien Umgang miteinander, denn es ist nur möglich durch Kooperation, Konsensfähigkeit und den Einsatz für das gemeinsame Ziel.

Das Heft eignet sich für fächerverbindenden Unterricht (Ethik, Religion, Darstellendes Spiel) im Rahmen von Werteerziehung.

Klettbuch 30646

Reiner Endele:

„Michael Kohlhaas" – ein Projekt im Deutschunterricht

Ab Klasse 10/11

Dieses Projekt wendet gestaltendes Interpretieren ganzheitlich und durchgängig auch auf eine klassische Lektüre an. Teamorientiert und selbst gestaltend erarbeiten die Schülerinnen und Schüler eine fiktive journalistische Dokumentation zu Kleists „Michael Kohlhaas" (z. B. in Form von Zeitungsberichten, Kommentaren, Briefen, Tagebucheinträgen, Dialogen, Reden).

Klettbuch 30650

Joachim Fritzsche:

Rätselwerkstatt

Vom Buchstabenrätsel bis zum Rätselkrimi

Ab Klasse 5

Die „Rätselwerkstatt" zeigt, welche vielfältigen Lernmöglichkeiten in unterschiedlichen Rätselarten stecken, vom „Buchstabenrätsel" über „Scharade", „Rebus" und „Heiteres Personenraten" bis hin zu „Rätselkrimis", „Rätselhaften Fabeln" und „Gedichterätseln". Dabei geht es erst in zweiter Linie um das Lösen, in erster Linie aber um das Erstellen der Rätsel. Im Schülerteil wird das selbstständige Anfertigen der Rätsel kleinschrittig angeleitet, im Anhang finden sich didaktische Hinweise, Varianten und Beispiele von Schülern.

Klettbuch 30648